AF201269

Ludwig von Bar

Die Redefreiheit der Mitglieder gesetzgebender Versammlungen mit besonderer Beziehung auf Preussen

Ein Wort zur Verständigung

Ludwig von Bar

Die Redefreiheit der Mitglieder gesetzgebender Versammlungen mit besonderer Beziehung auf Preussen
Ein Wort zur Verständigung

ISBN/EAN: 9783743633315

Hergestellt in Europa, USA, Kanada, Australien, Japan

Cover: Foto ©Andreas Hilbeck / pixelio.de

Weitere Bücher finden Sie auf **www.hansebooks.com**

Die

Redefreiheit

der Mitglieder

gesetzgebender Versammlungen

mit besonderer Beziehung auf

Preussen.

Ein Wort zur Verständigung

von

Dr. L. bon Bar,

erb. Profeffer der Rechte an der Greßherzogl. Univerfität zu Rostock.

Verlag von Bernhard Tauchnitz

Leipzig 1868.

Die nachstehende kleine Abhandlung ist von dem Verfasser schon vor längerer Zeit in Angriff genommen, und endlich doch, nachdem er sie hatte ruhen lassen, ziemlich eilig zum Drucke befördert worden, da, wenn die Arbeit Etwas nützen sollte, die Verhandlungen des preußischen Landtags zum Abschlusse drängten. Der Verfasser zögerte aber, mit dieser Arbeit gerade zuerst auf dem Gebiete des Staatsrechts und der Politik hervorzutreten und nur die Rücksicht, daß die hier behandelte Frage doch auch von ihm vertrauteren, strafrechtlichen Erwägungen wesentlich mit abhängt, sowie die freundliche Ermunterung, die ihm von anderer Seite zur Publication des hier gemachten Vorschlages zu Theil wurde, hat diese Bedenklichkeiten beseitigt.

Der aufrichtige Wunsch aber, sine ira et studio im Interesse der Wissenschaft und eines gesunden politischen Lebens Etwas zur Lösung der Frage beizutragen, möge die etwaigen Fehler und Mängel entschuldigen.

Die Mittheilung, daß mehrere Mitglieder des preußischen Herrenhauses ein Landtagsgericht zum Schutze gegen den Mißbrauch der Redefreiheit der Mitglieder des Landtags vorgeschlagen haben, ist dem Verfasser durch die Zeitung gerade an dem Tage zugekommen, an welchem er die Arbeit beendigte.

Es kann als ein Grundzug des deutschen Rechtsbewußt=
seins aufgefaßt werden, daß, soweit irgend möglich, das
Privatrecht des Einzelnen auch gegenüber den öffentlichen
Gewalten und ihren Inhabern geschützt werde, und jedes
Recht vor dem Richter Anerkennung, jedes Unrecht aber die
gebührende rechtliche Ahndung empfange, wie denn im Mittel=
alter selbst der gewählte deutsche König, dessen Stellung freilich
mit der eines Souverains in unserer Zeit nicht zu vergleichen
ist, als „legibus solutus" keineswegs erklärt wird [1].

So ist es auch begreiflich, daß, als im Jahre 1848
die deutsche Reichsverfassung berathen wurde, eine große
Anzahl der angesehensten Abgeordneten verschiedener Par=
teien und unter ihnen auch ausgezeichnete Rechtslehrer und
Juristen gegen eine Vorschrift sich aussprachen, welche jede
Aeußerung eines Reichstagsabgeordneten in dem Reichstage
der gerichtlichen Verfolgung zu entziehen bestimmt war [2], und
daß die fragliche Vorschrift nur mit sehr geringer Majorität
durchgebracht wurde. Nicht minder aber erklärt es sich so,
wenn ein oberster Gerichtshof, dem vorzugsweise der Schutz

---

[1] Vgl. Sächsisches Landr. III, 54. §. 4.

[2] Vgl. über die Namen und die einzelnen Abstimmungen die Schrift
Artikel 84 der preußischen Verfassungsurkunde und den Plenarbeschluß
des Königl. Obertribunals vom 29. Januar 1866. Ein Wort zur Auf=
klärung von einem preußischen Rechtsanwalte. Berlin, Max Matthies.
Auch Mittermaier und Zachariä hatten sich gegen die absolute Straf=
freiheit erklärt. S. 20 ff.

des Privat- und Strafrechts obliegt, soweit möglich, das verletzte Recht gegenüber einem etwa den Abgeordneten ertheilten Privilegium zur Geltung zu bringen versucht. Sollte sich daher auch im Laufe der Untersuchung ergeben, daß die von dem obersten Gerichtshofe des preußischen Staates in jener Richtung vorgenommene Interpretation unsere Zustimmung nicht finden könnte, so würde dennoch ein Grund zu einem Tadel, wie solcher von mehreren Seiten geäußert ist, nicht anzuerkennen sein. Die Tendenz, welche nicht unbedingt das verletzte Privat- und Strafrecht den Institutionen des übrigen staatlichen Lebens zum Opfer gebracht wissen will, verdient im Allgemeinen eher Lob als Tadel.

Beständе ein besonderer Rechtssatz über die Redefreiheit der Abgeordneten gar nicht, so würde, und hierüber sind wohl sämmtliche Juristen einverstanden, die eben vorurtheils- frei die Sache prüfen[3] — derselbe nur insoweit juristisch sich begründen lassen, als die Abgeordneten dieselbe zur Aus- übung ihres öffentlichen Berufes nothwendig bedürfen.

Nun sind, mag das in Verfassungsparagraphen mehr oder minder bestimmt gesagt sein, die Abgeordneten der heutigen Kammern, mögen ihre Befugnisse mehr oder minder weit gehen, bestimmt, ebenso wie die früheren ständischen Ver- tretungen, eine Art öffentlicher Controle der Regierung zu bilden. Diese Controle[4] können sie aber nur dann in wirk- samer Weise ausüben, wenn sie etwa ihrer Ansicht nach vor- gekommene Mißbräuche auch auf die Gefahr hin, daß die- selben nicht wirklich vorhanden sind, zur Sprache bringen können, sobald nur eine absichtliche Verletzung der Wahrheit

---

[3] Vgl. Zachariä, Staatsrecht. 3. Aufl. I. S. 621 und die gründ- liche Ausführung von Herrmann im Archive des Criminalrechts, 1853. S. 341 ff.

[4] Die älteren landständischen Streitigkeiten geben, wie Herrmann a. a. O. zeigt, hier keinen besonderen Ertrag für eine Lösung der Frage, da rechtliche Sprüche über die Sache selbst vielleicht niemals gefällt wur- den, und nur die Reichsgerichte gegen gewaltsame Selbsthülfe von Regie- rungen einschritten.

ober eine Fahrläſſigkeit bei Erkundung derſelben ihnen nicht vorgeworfen werden kann.

Dies Recht haben innerhalb ihres Berufskreiſes ſämmtliche öffentliche Beamte[5], z. B. die Staatsanwälte, welche ja auch nicht wegen Verleumbung beſtraft werden, wenn Das, was ſie in gutem Glauben dem Angeklagten zur Laſt legen, nicht von ihnen bewieſen werden kann, und ein gleiches Recht geſteht das preußiſche Strafgeſetzbuch ſogar der Vertheidigung von Privatgerechtſamen zu.

Sollte den Abgeordneten dies aus der Natur der Sache folgende Recht nicht zugeſtanden werden, ſo würde ihnen damit ein jeder irgend juriſtiſch anzuerkennende Beruf abgeſprochen ſein. Von einem Privatmanne kann es wohl gefordert werden, daß er Aeußerungen nicht rein vertraulicher Art nicht mache, welche die Ehre anderer Perſonen angreifen und deren thatſächlichen Grund er ſchließlich nicht ſtreng juriſtiſch zu beweiſen im Stande iſt, von einem Abgeordneten kann dies nicht verlangt werden, um ſo weniger, als oft die vollſtändige Beſchaffung des Beweismaterials dem Abgeordneten factiſch nicht möglich iſt, weil eben die Regierung darüber disponirt und Alles, was juriſtiſch nicht bewieſen werden kann, darum noch nicht unwahr iſt oder gar von der öffentlichen Meinung dafür gehalten werden kann. Freilich kann auch ſo die Ehre eines Einzelnen unter der Aeußerung eines Abgeordneten nach objectiv ungerechtfertigter Weiſe angegriffen werden, wenn wirklich der Abgeordnete Grund hatte, eine ehrenrührige Thatſache für wahr zu halten, dieſe aber dennoch nicht vorgekommen war. Dieſe Gefahr aber beſteht hinſicht

---

[5] Nach dem preußiſchen Strafgeſetzbuche §. 154 geht dies Recht noch weiter; es findet eine ſtrafrechtliche Verantwortlichkeit nur wegen eines Dolus ſtatt, inſofern als aus der Form der Aeußerung oder aus den Umſtänden, unter welchen dieſelbe erfolgt, die Abſicht zu beleidigen hervorgeht. Dieſer Grundſatz wird auch von der Praxis durchaus richtig auf Verleumbungen angewendet. Vgl. Oppenhoff, b. Strafgeſetzb. für d. Preuß. Staaten, erläutert u. ſ. w., 4. Aufl. §. 156. Anm. 23.

lich eines jeden Beamten, der die Befugniß hat, Anklagen zu erheben oder auch nur dienstliche Rügen zu ertheilen: ihr muß eben, soll nicht jede Thätigkeit der Beamten wie der Abgeordneten lahm gelegt werden, das Privatrecht des Einzelnen ausgesetzt bleiben. Es handelt sich um den Ausgleich collidirender Interessen: das Privatrecht des Einzelnen kann nicht lediglich den Sieg davon tragen, wenn die öffentliche Institution überhaupt wirksam sein soll.

Die Befreiung der Abgeordneten von strafrechtlicher Verantwortlichkeit bis zu dieser Grenze ist also nicht eine Rechtsanomalie, sondern eine Rechtsconsequenz, und der Einwand, der etwa hiegegen erhoben werden möchte, daß nur die Gesammtheit der Abgeordneten, aber nicht der einzelne ein solches Recht der Redefreiheit in Anspruch nehmen könne, ist einfach damit zu beseitigen, daß die Beschlüsse der Gesammtheit nur in Folge der Propositionen der Einzelnen zu Stande gebracht, letztere aber geschäftsordnungsmäßig nur in den ordentlichen und daher auch öffentlichen Sitzungen gemacht werden können. Dagegen liegt an sich kein genügender juristischer Grund vor, über jene Grenze hinaus die Abgeordneten für straffrei zu erklären, sie etwa wegen offenbarer Schimpfreden, Aufforderung zu Verbrechen[6], soweit diese strafbar, u. s. w. zu privilegiren. Durch den Beruf der Abgeordneten werden diese Dinge sicher nicht gefordert.

So liegt, wie gesagt, die Sache theoretisch, wenn ohne besondere Bestimmung lediglich der Umstand berücksichtigt werden soll, daß ein Ständemitglied doch auch einen öffentlichen Beruf ausüben soll.

Praktisch aber ergeben sich aus dieser Unterwerfung der Ständemitglieder unter das gemeine Recht einige erhebliche Bedenken, und diese entspringen aus der eigenthümlichen Art, in welcher der Abgeordnete oft durch den Geschäftsgang einer größeren Versammlung zum Vorbringen bestimmter

---

[6] Z. B. Aufforderung zum Zweikampfe. Vgl. preuß. Strafgesetzb. §. 164.

Aeußerungen veranlaßt wird. Beamte des Staates, welche
etwa ehrenrührige Thatsachen von einer Person dienstlich zu
behaupten veranlaßt werden, haben regelmäßig Muße, Das,
was sie sagen wollen, sich vorher gründlich zu überlegen; sie
empfangen dazu durch den Geschäftsgang alle erforderlichen
Beweismittel, und endlich werden sie wieder, wenn etwa eine
Klage wider sie erhoben werden sollte, durch Beamte gerichtet, welche die Lage des Beamten zu würdigen im Stande
sind und ihm die erforderliche Freiheit der Aeußerung und
Handlung nicht leicht versagen werden. Gegen Anklagen
wegen Schädigung der Privatehre sind sie so von selbst ge-
nügend gesichert.

Anders dagegen steht es bei einem Mitgliede einer großen
politischen Versammlung. Dies kann nicht, wie der Beamte,
oft jede Aeußerung vorher genau erwägen; daran hindert
schon die Eile des Geschäftsganges: die Gelegenheit, einen bestimmten Antrag wirksam zu machen, die Regierung oder die
öffentliche Meinung auf bestimmte Mißbräuche oder Mißstände
aufmerksam zu machen, kehrt, wenn sie nicht schnell benutzt
ward, oft nicht wieder, und dazu kommen leicht noch Pro-
vocationen politischer Gegner, bei denen die Schärfe eines
Wortes in einem anderen schneidigen Worte, ein verletzender
Angriff in einer verletzenden Gegenrede einen Wiederhall
findet. Erwägt man nun endlich noch, daß der Abgeordnete
die Pflicht haben muß, über Mißbräuche und Mißstände,
welche von der öffentlichen Meinung, sei es laut, sei es im
Geheimen als vorhanden bezeichnet werden, von der Regierung Aufklärung zu verlangen und daß er dies, da ihm die
Beweismittel häufig nicht zu Gebote stehen — man denke hier
nur an die Wahrung des Dienstgeheimnisses — zuweilen nicht
anders in wirksamer Weise kann, als wenn er direct behauptet, daß sie vorhanden seien, so ergiebt sich von selbst, daß
die Frage, ob ein Abgeordneter einer strafbaren Aeußerung
sich schuldig gemacht habe, eine ganz besonders feine und zarte
Berücksichtigung seiner Stellung fordert.

Daß für die Beurtheilung die gewöhnlichen Gerichte sich besonders gut eignen, läßt sich, auch wenn man in ihre Unabhängigkeit und Integrität nicht den geringsten Zweifel setzen will, nicht behaupten. In Deutschland zumal stehen die Gerichte der Entscheidung staatsrechtlicher Fragen ferner; Privatrecht und Strafrecht bilden fast die ausschließliche Beschäftigung unsrer Gerichte, und selbst wo hier staatsrechtliche Fragen einschlagen, ist häufig die Prüfung dieser den Gerichten entzogen und die Entscheidung der Staatsregierung auch für die Gerichte als maßgebend durch Verfassung oder Gesetz bezeichnet. Nicht ohne Grund läßt sich behaupten, daß die Gerichte über den Schutz des ihnen anvertrauten Privat- und Strafrechtes, den Schutz des öffentlichen Interesses einer genügenden Redefreiheit des Abgeordneten leicht vernachlässigen möchten.

Sobann muß zugegeben werden, daß gerade in den hier fraglichen Interessen der leiseste Zweifel an der Unabhängigkeit der Richter, möchte er auch factisch noch so unbegründet sein, eine besonders nachtheilige Wirkung zu äußern im Stande ist. Es kann sich das Interesse einer mächtigen Partei, vielleicht einer Regierung selbst dahin concentriren, einen Gegner zu einer schweren Strafe verurtheilen zu lassen; vielleicht sind beide im besten Glauben, aber im politischen Eifer vergessen sie, eine objective Beurtheilung ihrem Gegner angedeihen zu lassen, und halten es für gerechtfertigt, wenn auch auf formell noch gesetzlichem Wege, für ihre Ansicht die Gerichte zu gewinnen. Sind solche Zweifel aber einmal vorhanden, so verliert eine eingetretene Bestrafung, mag sie noch so gerecht den einzelnen Fall treffen, die Wirkung der Strafe im Volke: und der Bestrafte wird leicht — wenigstens vor der großen Menge, welcher die näheren Verhältnisse unbekannt sind — zu einem politischen Märtyrer einer guten und gerechten Sache.

So ist denn auch in England — diesem Staate des Rechts, wie Jeder zugeben wird — die Competenz der Ge-

richte seit langer Zeit ausgeschlossen, wenn es sich um eine
Ahndung der im Parlamente vorgekommenen Aeußerungen
der Mitglieder des letzteren handelt. Zwar sind die Garan-
tien der Unabhängigkeit der Rechtspflege in England so weit-
greifend, als dies nur immer möglich erscheint. Die Oberrichter von England sind nur durch ein Gesetz[7] absetzbar, zu
welchem die königliche Gewalt und beide Häuser des Parlaments ihre Zustimmung geben: ein Disciplinarstatut existirt
für sie nicht, und England vertraut, daß auch ohne dies die
Männer, welche das Vertrauen der Krone aus den bewähr-
testen Advocaten zu Richtern beruft, ihre Schuldigkeit thun
werden. Die Oberrichter haben ferner eine Beförderung nicht
zu erstreben: der Gehalt der jüngeren unter ihnen kommt
dem großen Ministergehalte gleich, der der älteren übersteigt
ihn. An Ansehen und Rang bleibt Demjenigen, der einmal
zu einer der oberen Richterstellen gelangt ist, Nichts mehr zu
wünschen: er gehört mit zu Denjenigen, welche die öffentliche
Meinung in England nicht mit Unrecht als „Orakel des
Rechts" bezeichnet. Und doch können auch diese Oberrichter
nicht allein verurtheilen: dazu gehört noch die Zustimmung
einer aus 12 Personen bestehenden durchaus unparteiisch aus-
gewählten Jury, bei welcher ein ausgedehntes Verwerfungs-
recht der Parteien statt findet. Die Jury wiederum urtheilt
nur nach einem Verfahren, welches in jeder Beziehung der
Vertheidigung den freiesten Spielraum gewährt, und zwar
auch schon während der Voruntersuchung. Richter und ein
nur nach Einstimmigkeit mögliches Verdict der Jury müssen
die Verurtheilung gerechtfertigt erklären, wenn diese überhaupt statt finden soll.

Dennoch wird in England nicht daran Anstoß genommen, daß die Debatten des Parlaments nicht vor ein richter-
liches Forum gezogen werden können.

---

[7] Durch die Krone auf Adresse beider Häuser des Parlaments, vgl.
Gneist, engl. Verwaltungsrecht II. §. 119.

Erskine May[8] drückt sich in seinem Werke über das Recht des Parlaments so aus: „Freiheit der Rede ist ein Privileg wesentlich für eine jede freie Versammlung oder eine jede gesetzgebende Körperschaft. Sie ist so nothwendig für die Berathung (making) der Gesetze, daß, wäre sie auch niemals ausdrücklich bestätigt, sie doch anerkannt werden müßte als untrennbar von dem Begriffe eines Parlaments und seiner Verfassung innewohnend (inseparable from Parliament, and inherent to its constitution)."

Schon vor der bekannten Petition of right wurden gerichtliche Verfolgungen wegen Aeußerungen eines Parlamentsmitgliedes im Parlamente für durchaus unzulässig erklärt, und dagegen verstoßende Urtheile der Gerichtshöfe wiederholt mit Zustimmung der Krone annullirt[9]. Auch jetzt, wo die richterliche Gewalt doch, wie bemerkt, so außerordentlich vor jedem ungehörigen Einfluß gesichert ist, denkt Niemand daran, die Debatten im Parlamente einer richterlichen Censur zu unterwerfen.

Nun ist von dem ersten Staatsmanne des norddeutschen Bundes erklärt worden, man könne die Debatten einer gesetzgebenden Versammlung selbst von jeder gerichtlichen Verfolgung eximiren; dann aber dürfe man nicht der Presse unbedingt gestatten, die gesetzwidrigen Aeußerungen von Parlamentsmitgliedern zu veröffentlichen; denn gerade die nachherige, bleibende Veröffentlichung durch die Presse sei besonders verletzend. Die Regierung werde gegen solche Veröffentlichung von Parlamentsreden nicht leicht einschreiten und dieselben thunlichst ignoriren; sie gesetzlich freizugeben, sei dagegen nicht rathsam; man könne in einem Staate zwar Manches dulden, aber geradezu die Schutzlosigkeit der Privatehre gegenüber einer Parlamentsrede und deren bleibender Veröffentlichung könne man nicht zulässig halten. Dabei berief Graf

---

[8] A practical treatise on the law, privileges, proceedings and usage of parliament. Second edit. London, 1851. S. 96.

[9] Vgl. über die einzelnen Fälle Erskine May a. a. O. S. 97 ff.

v. Bismarck sich auch auf das englische und nordamerika=
nische Recht.

Dennoch ist, soviel den norddeutschen Reichstag betrifft,
die unbedingte Freiheit von gerichtlicher Verfolgung sowohl
der Parlamentsdebatten als der wahrheitsgetreuen Berichte
darüber in die norddeutsche Bundesverfassung aufgenommen,
und wie wir glauben hat man sich auch mit Recht gegen jenen
Vermittlungsvorschlag des Grafen v. Bismarck erklärt, ob=
schon uns, wie wir unten darlegen werden, noch ein anderes
Correctiv gegen Ausschreitungen der Debatte, als der ein=
fache Ordnungsruf des Präsidenten und etwa die Entziehung
des Wortes, wünschenswerth erschienen wäre.

Freilich kann es unter Umständen für ein segensreiches
Zusammenwirken von Regierung und gesetzgebender Ver=
sammlung wünschenswerth sein, daß nicht jedes ihrer gegen=
seitigen Rechte haarscharf durch besondere gesetzliche Bestim=
mung gleichsam abgezirkelt sei. In dieser Beziehung ist der
Aeußerung des Grafen v. Bismarck durchaus beizupflichten:
beiden Theilen wird dadurch eine oft wohlthätige Zurück=
haltung auferlegt, der Mißbrauch von Rechten verhütet. Aber
dies ist in manchen Beziehungen nur möglich bei einem Ver=
hältnisse von Regierung und Parlament, das auf einer langen,
ununterbrochenen historischen Bildung ruht. Neue, doch mit
dem nothwendigen Erfordernisse einer gewissen Vollständigkeit
auftretende staatsrechtliche Schöpfungen verlangen, damit nicht
Alles ins Schwanken gerathe, in unserer Zeit, wo das un=
geschriebene Recht so sehr der Gefahr der Nichtbeachtung aus=
gesetzt ist, eine gewisse, oft allerdings — man darf das nicht
verkennen — berechtigte Interessen und Gefühle verletzende
Präcision und Schärfe. In dieser Beziehung kann Vieles,
was in England gesetzlich wenigstens unbestimmt gelassen ist,
für Deutschland, sollen nicht fortwährende Conflicte drohen,
nicht zum Vorbilde dienen.

So verhält es sich auch mit der Verantwortlichkeit
der Presse für die Veröffentlichung von Parlamentsreden.

Es besteht kein ausdrückliches Gesetz, welches wie jetzt der Art. 22 der Verfassung des norddeutschen Bundes bezüglich der Debatten des Reichstags die Presse schützte, und so konnte noch vor Kurzem ein Proceß gegen die Times wegen Veröffentlichung solcher Parlamentsdebatten angestrengt werden[10]. Aber man muß sich hier erinnern, daß die Debatten des englischen Parlaments dem strengen geschriebenen Rechte nach überhaupt öffentliche nicht sind. Sind die Verhandlungen nicht gesetzlich öffentliche, so ist natürlich auch ihre Veröffentlichung streng genommen immer gesetzwidrig, und ein Einschreiten wegen wahrheitswidriger Parlamentsberichte kann noch heutzutage in England formell als Bruch der Privilegien des Parlaments verfolgt werden, wonach dessen Debatten nicht öffentliche sind, obwohl der wahre Titel der Verfolgung die Entstellung der Wahrheit ist. Die Verhandlungen des Parlaments sind nun aber seit langer Zeit factisch unbedingt öffentliche, wie denn sogar für die Sitze der Reporters der Zeitungen amtlich gesorgt ist: die Nichtöffentlichkeit der Verhandlungen würde, obschon sie nicht gesetzlich gilt, doch als einer der stärksten Angriffe gegen die Verfassung selbst angesehen werden[11], und so war es denn vollkommen richtig, wenn neuerlich der Lord-Chief-justice den Geschworenen als seine Rechtsüberzeugung darlegte[12], daß die einfache wahrheitsgetreue Wiedergabe von Parlamentsverhandlungen eine jede gerichtliche Verfolgung ausschließe. Es könne einem Zweifel nicht unterliegen, sagte der berühmte englische Gesetzkundige, daß die Veröffentlichung der Parlamentsverhandlungen eine Sache des höchsten öffentlichen Interesse's sei.

---

[10] Vgl. Times vom 21. December 1867.

[11] Der Lord Chief-Justice sagte in der gedachten Verhandlung: „I do not believe their privilege (of the two houses) will ever be asserted to prevent the publication of their debates."

[12] Dem Lord Chief-Justice darf deßhalb Parteilichkeit nicht vorgeworfen worden. Es ist Recht und Pflicht des englischen Richters, die Geschworenen nicht darüber in Zweifel zu lassen, wenn seiner Ansicht nach eine Freisprechung sicheren Rechtens ist.

Sie biene nicht nur zur Belehrung des Publicums über seine wichtigsten Angelegenheiten, sondern es sei auch kein öffentlicher Beamter, von ben höchsten bis zu den niedrigsten, auf welchen dieselbe nicht ihren heilsamen Einfluß ausübe. Diese Veröffentlichung könne von den Zeitungen aber nicht wohl vorgenommen werden, wenn sie verpflichtet wären, jedes Wort einer oft schwierigen Prüfung zu unterziehen. Darunter könne freilich das Privatrecht eines Einzelnen leiden; allein im Falle eines solchen Conflicts müsse das wichtigere öffentliche Interesse vorgehen.

Nun sind freilich früher in einigen Fällen Verurtheilungen erfolgt wegen Veröffentlichung von Parlamentsreden und sogar in dem berühmten vom Grafen v. Bismarck citirten Falle Stockdale v. Hansard wegen Druckes eines Parlamentsberichts auf Befehl des Parlaments. Allein einerseits hängen diese Entscheidungen zusammen mit der früheren starren Handhabung der Bestrafung des Libells in England, wonach in Folge des Satzes „je größer die Wahrheit, um so größer das Libell", bei Preßprocessen nicht einmal die Einrede der Wahrheit zugelassen wurde [13], und andererseits betrafen sie Publicationen ganz besonderer Art. In einem Falle handelte es sich um Publication einer Parlamentsrede durch den Redner selbst. Da läßt sich benn allerdings, wenn man streng sein will, behaupten, daß Publicationen, die ein einzelnes Mitglied von seinen Reden vornimmt — wenn auch in der Absicht, einen Zeitungsbericht zu berichtigen — doch kein Bericht einer ganzen Debatte sind [14], und daß solche „Berichtigungen" möglicher Weise mißbraucht werden können, um Injurien

---

[13] Die Ratio, welche für die heutigen Verhältnisse nicht mehr paßt, ist, daß der öffentliche Friede durch wahrheitsgetreue, die Ehre antastende Publicationen ebenso gefährdet werde, wie durch wahrheitswidrige. Nach der heutigen englischen Praxis sind aber wahrheitsgetreue, bona fide und nicht in nur beleibigender Absicht vorgenommene Publicationen straffrei. Vgl. Stephen, New Commentaries on the laws of England III. 5. edit. S. 495. 496.

[14] Vgl. May a. a. O. S. 103. 104.

recht einbringlich zu wiederholen. In dem schon berührten
Falle Stockdale v. Hansard aber war die angeblich injuriöse
Aeußerung nicht in einer Parlamentsdebatte, sondern in einem
Berichte der Gefängnißinspectoren enthalten, der auf Befehl
des Hauses der Gemeinen gedruckt war[15]. Hier wurde der
Parlamentsdrucker Mr. Hansard zwar von dem Gerichte verurtheilt[16]; aber das Haus der Gemeinen betrachtete das Urtheil als einen starken Eingriff in seine Privilegien (high
breach of privilege), ordnete kraft der in Sachen der
eigenen Privilegien ihm zustehenden Jurisdiction die Inhaft-
nahme des hartnäckig seine Klage wiederholenden Mr. Stockdale und seines Attorney an, und wies Mr. Hansard an, sich
überhaupt vor Gericht auf eine Ladung wegen der fraglichen
Angelegenheit nicht einzulassen, bis denn das Statut 3 u. 4
Vict. c. 9 (1840), vom Oberhause und von der Krone angenommen, dem Streite ein Ende machte. Hiernach sind
gerichtliche Verfolgungen im Civil- oder im Criminalwege
wegen Publicationen, die auf Grund eines Befehls einer der
beiden Häuser des Parlaments geschehen, straflos, nicht minder
Copien davon oder bona fide gemachte Auszüge.

Ueber Publication von Parlamentsdebatten ist damit
freilich nicht entschieden, und es ließe sich vielleicht einwenden,
daß, wenn man deren Straflosigkeit gewollt hätte, man bei
dieser Gelegenheit ein umfassenderes Gesetz erlassen hätte.
Allein in England pflegt man bei Erlaß eines Gesetzes sich
mehr an das unmittelbare Bedürfniß zu halten, und durch
ein ausdrückliches Gesetz jenes Inhalts hätte leicht Veranlassung gegeben werden können, daß nun alle und jede —
vielleicht nach Jahren in böswilliger Absicht wieder abge-

---

[15] May a. a. O. S. 156 ff.

[16] Mr. Stockdale wurde anfangs abgewiesen; aber in dem Vortrage
an die Geschworenen hatte der vorsitzende Richter Lord Denman erklärt,
der Befehl des Hauses der Gemeinen könne für Mr. Hansard keinen Recht-
fertigungsgrund bilden. Gegen diese Entscheidungsgründe richtete sich
sogleich die geharnischte Erklärung des Hauses.

druckte Publicationen der Parlamentsverhandlungen gegen die Absicht des Gesetzes straflos wurden. Daß dagegen dritte. unschuldige Personen — die Redacteure der Zeitungen — welche im heutigen Staatsleben die so höchst wichtige Func-tion der Publication der Debatten gesetzgebender Versamm-lungen sofort nach der Debatte ohne Zeitverlust, also ohne die Möglichkeit genauer Prüfung, übernehmen müssen, für die Reden der Abgeordneten bestraft würden, kann noch we-niger selbst als die strengste Verantwortlichkeit der Abgeord-neten selbst gebilligt werden: eine Strafe, die einen Unschul-digen trifft, ist keine Strafe und hat auch Wirkungen, die von den wohlthätigen Wirkungen einer verdienten Strafe durchaus verschieden sind. Wenn also Kent[17] sagt, daß ein Mitglied des Congresses der Vereinigten Staaten, wenn es eine im Congresse von ihm gehaltene Rede veröffentliche, den gewöhnlichen Libellgesetzen unterliege, und wenn er hinzu-fügt, dies sei englisches Recht (Law) und ein gerechtes Recht, so kann es wohl nicht die Meinung dieses Schriftstellers sein, damit einfache, wahrheitsgetreue Zeitungsberichte für straffällig zu erklären. Er hat, wie uns scheint, Publicatio-nen von Congreßmitgliedern selbst veranstaltet im Auge, wie etwa, wenn Jemand injuriöse von ihm gehaltene Reden in einer Sammlung abdrucken und colportiren ließe. An ein gänzliches Verbot wahrheitsgetreuer Berichte, selbst wenn die Reden des gesetzgebenden Körpers injuriöse oder sonst straf-bare Aeußerungen enthalten sollten, hat auch die Verfassung des zweiten französischen Kaiserreichs nicht gedacht. Art. 42 der Constitution von 1852 gestattet den Zeitungen den Ab-druck des Sitzungsprotokolles; es sind ihnen nur auszugs-weise Mittheilungen daraus nicht erlaubt, wobei dann freilich die Grenze zwischen einer erlaubten Kritik der Verhandlungen, welche ohne ein Referat des Inhalts sich wohl nicht geben

---

[17] Commentaries on American law, 8th. edit. Vol. I. New-York, 1854. S. 249.

2*

läßt, und einer unerlaubten auszugsweisen Mittheilung schwer zu ziehen ist.

Ein anderer von verschiedenen Seiten wohl befürworteter Ausweg[18] wäre, die Bestrafung eines Mitgliedes der Versammlung von einer vorgängigen Autorisation der letzteren selbst abhängig zu machen. Wie indeß schon von anderer Seite[19] treffend dargelegt ist, kann er nicht empfohlen werden. Freilich kann so die Versammlung eine Verfolgung eines Mitgliedes, welche von ihr für offenbar ungerecht gehalten wird, hindern und so ihre Unabhängigkeit wahren. Allein genau betrachtet verweist man dann, statt eine ein für alle Mal gültige allgemeine Entscheidung zu geben, auf einen in jedem einzelnen Falle zu erneuernden Principienstreit und versetzt die Versammlung in die üble Alternative, entweder auf den Schutz ihrer Mitglieder zu verzichten, oder aber den Gerichten für den einzelnen Fall ein Mißtrauensvotum zu geben und zugleich dem Verletzten die Rechtsverfolgung zu versagen. Der Erfolg einer solchen Vorschrift wird in den meisten Fällen nach langen und fruchtlosen Debatten nur in einer einfachen Verweisung der Sache an die Gerichte bestehen, eine sachkundige Erwägung der besonderen Verhältnisse des Mitgliedes der Versammlung also gar nicht gewährleistet.

Ebenso wenig scheint es nach unserer Ansicht zweckmäßig, unmittelbar der Versammlung selbst ein ausgedehnteres Strafrecht beizulegen, wie es die Häuser des englischen Parlaments freilich besitzen. Eine Beweisaufnahme — und diese würde doch z. B. bei einer Anklage wegen Verleumdung oft nothwendig werden, wenn der Angeklagte die Wahrheit seiner Behauptungen aufrecht erhält — eignet sich schon, auch abgesehen von dem ungeheuren Zeitverluste, der für die Versammlung daraus entstehen müßte, nicht gut für eine so

---

[18] Vgl. Oldenburgisches Grundgesetz von 1852, Art. 131 §. 2. Coburg-Gothaische Verf. v. 1852, §. 85.

[19] Herrmann, Archiv d. Criminalrechts 1853. S. 358.

große Zahl richtender Perſonen. Sobann würde ſich die Verantwortlichkeit für das Urtheil zu ſehr theilen, und ſo könnte das letztere eher als eine politiſche Maßregel, denn als ein gerechtes Erkenntniß leicht angeſehen werden. Die Parteileidenſchaften würden in ſtürmiſchen Zeiten einen ſchrankenloſen Einfluß gewinnen und das ganze Inſtitut zu einem Mittel der gänzlichen Unterbrückung der Minorität durch die Majorität umgeſtalten können [20]. Dieſem Auswege vorzuziehen wäre immer noch eine einfache Unterwerfung unter das Urtheil der gewöhnlichen Gerichte, ſobald dieſelben nur einige Unabhängigkeit beſitzen. Auch der vorgängige Bericht eines für den einzelnen Fall zu wählenden Ausſchuſſes, vor welchem dann auch die Beweisverhandlung allein vorzunehmen wäre, ſcheint in Deutſchland eine genügende Sicherheit nicht zu bieten. Einerſeits haben die geſetzgebenden Verſammlungen bei uns noch nicht eine lange Geſchichte hinter ſich, welche auch dem politiſchen Gegner gerecht zu werden am beſten lehrt, und andererſeits iſt die Empfindlichkeit gegen öffentlich vorgebrachte nachtheilige Aeußerungen bei uns viel größer als in England [21].

Die abſolute Freiheit von jeder rechtlichen Verantwortlichkeit, wie ſolche gegenwärtig im Art. 30 der Verfaſſung des norddeutſchen Bundes im Drange der Umſtände feſtgeſtellt worden iſt und von Vielen als das allein Richtige be-

---

[20] Das ſpricht auch, obſchon in geringerem Grade, gegen einen ein für alle Mal für die Dauer der Seſſion zu wählenden Ausſchuß.

[21] May S. 102 berichtet über England: „Die Fälle, in denen Mitglieder des Parlaments zur Rechenſchaft gezogen ſind wegen verletzender Reden im Hauſe, ſind zu zahlreich, als daß ſie einzeln aufgeführt werden könnten. Einige ſind verwieſen worden (admoniſhed), Andere mit Gefängniß beſtraft und im Hauſe der Gemeinen Einige ausgeſchloſſen worden (expelled). Weniger ſtreng iſt man in neuerer Zeit geweſen bei der Rüge unangemeſſener Reden. Die Mitglieder, welche gegen den Anſtand (propriety) verſtoßen, werden zur Ordnung gerufen, und ſtellen meiſtens das Haus zufrieden (ſatisfy the houſe) durch eine Erklärung oder Entſchuldigung."

trachtet wird, hat endlich auch ihre sehr bedenklichen Seiten. Daß der Ordnungsruf des Präsidenten, vorausgesetzt auch, daß der Präsident immer unparteiisch verfährt, nicht in allen Fällen genügt, wo ein Redner gegen eine oder mehrere be- stimmte Personen eine schwere Injurie oder insbesondere eine Verleumdung vorbringt, ist in der That nicht zu bestreiten, namentlich da, wie auch durchaus richtig von anderer Seite schon hervorgehoben ist, der Präsident gar keine Mittel hat zu constatiren, ob denn wirklich eine Verleumdung vorliege, oder ob nicht vielmehr das Mitglied, indem es eine schwere Anschuldigung vorbrachte, nur seine Pflicht erfüllte. Man hat auch hingewiesen auf die allgemeine Mißbilligung, welche ein Mitglied in der Versammlung wie im Lande sich zuziehen müsse, das unbegründete Verleumdungen in seinen Reden vorbringe oder letztere zur straflosen Begehung von Beleidigungen und anderen durch Worte zu vollbringenden Verbrechen benutze.

Nun mag das allerdings sich behaupten lassen, daß für Aeußerungen, welche nicht die Ehre bestimmter Personen berüh- ren, in eine Repression dieser Art genügendes Vertrauen gesetzt werden kann. Es hat Vieles für sich, eine angesehene Versamm- lung, soweit lediglich die allgemeinen Interessen der rechtlichen Ordnung in Frage kommen, bei denjenigen Handlungen, welche von ihren Mitgliedern in voller Versammlung lediglich durch Worte begangen werden, als die oberste und einzige Richterin und ihre einfache Mißbilligung als einen genügenden Zügel gegen Leidenschaftlichkeit und bösen Willen Einzelner zu be- trachten, namentlich da jene lediglich die allgemeine Ordnung angreifenden Reden, wenn sie wirklich diesen Charakter tragen, sich sofort als solche unzweifelhaft manifestiren und eine Con- statirung von Thatsachen regelmäßig nicht erfordern. Da- gegen ist eine die öffentlichen Interessen genugsam wahrende Versammlung nicht immer geneigt, auch dem Privatinteresse die gebührende Berücksichtigung zu schenken. Die Versamm- lung, die keine wirkliche Strafgewalt besitzt, wird auch die

hier, wie bemerkt, oft unumgängliche Feststellung von That=
sachen nicht vornehmen können. So ist es denn möglich, daß
die verletzte Privatehre zu anderen Mitteln greift, daß sie das
Duell erwählt oder dem Gegner Gleiches mit Gleichem zu
vergelten bestrebt ist, daß endlich die Würde und die Stellung
der Versammlung selbst zu leiden beginnen. Da, wo eine
unbeschränkte, nur durch den Ordnungsruf zu zügelnde Rede=
freiheit und nicht daneben, wie in England, eine lange un=
unterbrochene Uebung parlamentarischen Lebens besteht, machen
derartige Uebelstände sich, wie z. B. Frankreich zeigt, zuweilen
in empfindlicher Weise bemerklich.

Allen billigen Anforderungen dürfte dagegen ein von
den Betheiligten gewähltes Schiedsgericht entsprechen, eine
Einrichtung, welche ja gegenwärtig auch in Frankreich kraft
freiwilliger Uebereinkunft der Parteien für einen einzelnen
Fall wirksam zu werden scheint.

Dafür lassen folgende Gründe sich anführen, die zugleich
auf die wünschenswerthen Details dieser Einrichtung hin=
weisen.

Ehrensachen sind im eminenten Sinne Vertrauenssachen;
es ist also hier eine Zusammensetzung des Gerichts die beste,
welche gleichsam von den Parteien selbst ausgeht, und da es
um Vorgänge in der gesetzgebenden Versammlung sich han=
delt, welche von deren Mitgliedern am besten gewürdigt
werden können, gleichzeitig aber die möglichste Unabhängigkeit
der Versammlung erstrebt werden muß, damit die Wahrheit
ungeschmälert dem Lande gesagt werden könne und zu den
Stufen des Throns bringe, so ist es natürlich, das Gericht ent=
weder ganz oder doch vorzugsweise aus Mitgliedern der Ver=
sammlung zusammenzusetzen. Die beschränkte Anzahl eines
solchen gewählten Schiedsgerichts läßt dabei eine wirkliche Ver=
antwortlichkeit der Einzelnen für ihren Spruch bestehen und
verhindert politische Machtsprüche der Mehrheit gegen eine
unterdrückte Minderheit. Eine kleine Anzahl von Männern,
denen Vertrauen zu schenken wäre, wird doch Jeder, er ge=

höre einer Partei an, welcher er wolle, in einer zahlreichen gesetzgebenden Versammlung aufzufinden im Stande sein. Ebenso aber wird er irgend einen höheren Richter, der in der Hauptstadt, dem Versammlungsorte des Parlaments oder der Ständekammer, wohnt, als vertrauenswürdig bezeichnen können.

Wenn also jede Partei eine gleiche Anzahl von Mitgliedern der Versammlung und daneben eine Person des höheren Richterstandes [22] wählt, diese sämmtlichen Personen aber einen Obmann aus der Zahl der höheren Richter wählen, der, im Falle sie sich nicht einigen, aus den beiden in Vorschlag gebrachten Obmännern durch das Loos auszuwählen wäre, so dürfte das so zusammengesetzte Gericht weder an Unparteilichkeit, noch an Gesetzestreue, noch endlich an Unabhängigkeit und an Einsicht in das Wesen der nothwendigen parlamentarischen Redefreiheit Etwas zu wünschen übrig lassen, namentlich wenn eine Einrichtung getroffen würde, daß die aus der Versammlung selbst zu entnehmenden Mitglieder nicht direct von den beiden Parteien, sondern theilweise durch ein Ablehnungsrecht [23] des Gegners, theilweise durch das Loos bestimmt würden: so würde verhindert werden, daß nicht jede Partei gerade die am wenigsten einer billigen Beurtheilung politischer Gegner geneigten Personen ihrer Fraction wählte. Wir würden proponiren, daß jede Partei 12 Mitglieder wähle, die Gegenpartei das Recht habe, 3 davon ohne Angabe von Gründen zu verwerfen und aus den übrig bleibenden 9 je drei für jede Partei vom Präsidenten der Kam-

---

[22] Mitglieder des anderen Hauses, dem der Beleidiger nicht angehört, mit hereinzuziehen, halten wir für weniger rathsam. Reibungen zwischen den beiden Häusern können bestehen und die volle Unparteilichkeit gefährden oder als gefährdet erscheinen lassen.

[23] Bei einer Auswahl lediglich durch das Loos würde wieder nach den Gesetzen der Wahrscheinlichkeit präsumtiv nur die Ansicht der Majorität vertreten sein, also die Minorität der Versammlung keine genügende Garantie haben.

mer ausgelöst würden. Das Schiedsgericht würde dann aus 6 Kammermitgliedern und 3 nicht in der Kammer sitzenden höheren Richtern bestehen.

Das Schiedsgericht müßte im Allgemeinen nach den Regeln der Strafprocceßordnung[24] verfahren. Die Vorinstruction würde, wo diese nöthig, dabei in sachkundiger Weise von dem zum Obmann gewählten Richter vorgenommen werden. Den Requisitionen des Schiedsgerichts würden die Behörden ebenso nachzukommen haben, wie denen anderer Strafgerichte, und würden ihm überhaupt dieselben Befugnisse zustehen, welche andere Strafgerichte besitzen. Nur dürfte ein Staatsanwalt als solcher nicht auftreten, und müßte überhaupt der Grundsatz vollkommenster Gleichheit der Parteien gelten. Denn, wie gesagt, das Schiedsgericht soll nur ein Gericht für die verletzte Ehre einzelner Personen bilden, mögen diese nun in Bezug auf Privat= oder auf dienstliche Verhältnisse beleidigt sein, nicht aber gegen Angriffe auf die öffentliche Ordnung als solche: den Schutz dieser kann man einer Versammlung, welche das Recht der Zustimmung zu Gesetzen besitzt, und dem Ordnungsrufe des Präsidenten anvertrauen, und man wird nicht wollen können, daß das Schiedsgericht, soweit auch seine wohlthätigen Folgen auf die Mäßigung der Debatten sich indirect, schon durch seine in Aussicht gestellte Möglichkeit, äußern mögen, allzu oft in Function trete und zu einem Mittel der Einschüchterung werde, die Versammlung aber mit fortwährenden derartigen Streitigkeiten behelligt werde. Der Kläger würde technisch seine Sache durch einen Anwalt führen lassen, der Angeklagte oder Beklagte im Beistande eines Anwalts sich vertheidigen lassen können.

Der Ausspruch des Schiedsgerichts würde unserer Ansicht nach nicht auf die gewöhnlichen Strafen zu richten sein. Bei

---

[24] Vielleicht wären übrigens die Regeln des Civilprocesses vorzuziehen. Das kommt auf die Grundsätze des Verfahrens in dem betreffenden Lande an. Vgl. in Betreff Preußens Einführungsgesetz zum Strafgesetzbuche, Art. XVI.

Beleidigungen unter Personen derjenigen Stände, die hier wesentlich in Betracht kommen, ist es dem Verletzten nach unserer heutigen Anschauung weniger darum zu thun, daß der Beleidiger einen materiellen Schaden oder eine Beraubung der Freiheit erleide, als vielmehr darum, daß die Beleidigung öffentlich gemißbilligt werde, der Beleidiger sein Unrecht anerkenne und der Verleumder als solcher gekennzeichnet werde. In anderen Fällen empfiehlt sich freilich dazu noch ein Zusatz, der dann äußerlich als die Hauptsache erscheint (die sonstige Strafe). Es würde zu weit führen, wollten wir die Gründe hiervon auseinandersetzen. Für den gegenwärtigen Zweck wird es genügen, darauf hinzuweisen, daß jede eigentliche Strafbefugniß die gesetzgebenden Versammlungen mit einem Theile der Executivgewalt befaßt, eine Maßregel, gegen welche andere verfassungsmäßige Bedenken erhoben werden können. Das Urtheil des Schiedsgerichts müßte sich auf eine Mißbilligung, etwa daß die Ausdrucksweise des betreffenden Mitgliedes eine unangemessene und beziehungsweise thatsächlich unbegründete gewesen sei, auf das Verlangen einer schriftlichen Ehrenerklärung, in schwereren Fällen, wohin namentlich das Vorbringen von Verleumdungen wider besseres Wissen, oder unter grober Fahrlässigkeit in Bezug auf die Constatirung der behaupteten Thatsachen zu rechnen wäre, auf die Exclusion aus der Versammlung und Entziehung der Wählbarkeit auf 2 — 5 Jahre zu beschränken haben. Namentlich mit letzterer Maßregel würde dem Mißbrauche der Rede zu Verleumbungen am besten gesteuert werden. Daneben würde eine Verurtheilung in die Kosten — auch des Klägers bei unbegründeten Klagen — zuweilen wirksame Dienste leisten.

Dem Schiedsgerichte hätten aber — da die Idee eines Schiedsgerichts vollkommene Gleichstellung der Betheiligten verlangt — auch solche Personen sich zu unterwerfen, die zwar nicht Mitglieder der Versammlung sind, aber doch in derselben reden, wie z. B. Regierungs=Commissare. Wenn

diese Personen Genugthuung fordern können von den Mitgliedern der Versammlung, so müssen es auch letztere von
jenen, ohne etwa—wenn auch nur theoretisch—von dem guten
Willen der Regierung irgend abhängig zu sein. Das Urtheil
würde äußersten Falles diesen Personen das Recht entziehen,
vor der Versammlung zu erscheinen. In England ahndet
das Parlament Beleidigungen, die ihm zugefügt sind, ohne
Weiteres selbst und zwar sogar mit gewöhnlichen bürgerlichen
Strafen[25].

Endlich dürfte sich, was das materielle Recht betrifft,
nach welchem das Schiedsgericht zu sprechen hätte, eine Bestimmung empfehlen, welche die Verjährungsfristen für die
hier fraglichen Beleidigungen besonders kurz bemäße. Erstens
sind bei Beleidigungen, wie ja auch die positive Gesetzgebung
anerkennt, kurze Fristen der Verjährung angemessen: eine Beleidigung, die nicht sofort als solche gefühlt wird, ist in der
Regel keine im wahren Sinne des Wortes, oder doch den
Interessen des Betreffenden eben nicht schädlich. Die Mitglieder einer gesetzgebenden Versammlung aber müssen besonders dagegen geschützt werden, daß nicht hinterher eine Beleidigung in ihre Aeußerungen hineininterpretirt werde.
Zweitens werden die Verhandlungen außerordentlich rasch
allgemein bekannt, so daß Jeder den Eindruck, den eine über
ihn gemachte Aeußerung im Publikum hervorgebracht hat,
alsbald übersehen kann. Endlich kann es factisch bei einem
aus Parlaments- oder Landtagsmitgliedern bestehenden
Schiedsgerichte nur Ungelegenheiten bereiten, wenn derartige
Klagen lange nach Schluß der Versammlung eingegeben
würden. Wo das ausnahmsweise zulässig wäre, müßte der
Streit bis zur folgenden Zusammenkunft der Versammlung
und eventuell an eine neue Versammlung übergehen, wenn
die frühere Versammlung aufgelöst oder deren Legislaturperiode zu Ende wäre. Ein einmal constituirtes Schieds-

---

[25] Vgl. Erskine May, Practice of Parliament S. 60 ff.

gericht würde der Auflösung der Versammlung oder des Endes der Legislaturperiode ungeachtet seine Functionen selbstver-ständlich zu Ende führen. Der unterliegende Theil würde nöthigenfalls Reisekosten und Diäten hier zu zahlen haben. Eine Verurtheilung eines Mitgliedes wegen Behauptung einer ehrenrührigen Thatsache würde dem, oben Ausgeführten zu-folge nur dann eintreten können, wenn dem Betreffenden mala fides oder eine grobe Fahrlässigkeit bei Annahme und Behauptung jener Thatsachen nachgewiesen würde. Damit ist nicht gesagt, daß nun etwa der Beleidigte die Unwahrheit jener Thatsachen oder seine Unschuld nachweisen müßte; der Beklagte hätte vielmehr die Gründe seiner Annahme darzu-legen: aber eine Vertheilung der Beweislast, wie solche nach §. 157 des preußischen Strafgesetzes [26] und noch dazu mit besonderen Beschränkungen hinsichtlich des Zeugenbeweises [27] dem angeblichen Verleumder auferlegt, kann in der That der amtlichen Stellung eines Mitgliedes einer gesetzgebenden Ver-sammlung nicht angemessen erachtet werden.

Wir wenden uns nunmehr zu den vielbesprochenen positiven Bestimmungen des preußischen Rechts. Wir denken zunächst festzustellen, was unseres Erachtens Recht ist. Dann aber zu prüfen, ob dies, eventuell aber das Recht, wie es von anderer Seite ausgelegt wird, den praktischen Bedürf-nissen und der Stellung der Landtagsmitglieder entspricht.

Art. 84 Abs. 1 der preußischen Verfassungsurkunde lautet wie bekannt: „Sie" (die Mitglieder beider Kammern) „können für ihre Abstimmungen in der Kammer niemals, für

---

[26] Vgl. dazu die Praxis des Obertribunals bei Oppenhoff, und Strafgesetzbuch erläutert, §. 157, n. 1. Es wird ein stringenter Beweis der Wahrheit gefordert.

[27] Der Zeugenbeweis ist nur dann zulässig, wenn sich der Ange-schuldigte zum Beweise bestimmter Thatsachen erboten und das Gericht durch vorgängigen besonderen Beschluß befunden hat, daß der Beweis dieser Thatsachen, im Falle er erbracht werden sollte, die Strafbarkeit des Angeschuldigten ausschließen oder mildern sollte.

ihre darin ausgesprochenen Meinungen nur innerhalb der Kammer auf Grund der Geschäftsordnung (Art. 78) zur Rechenschaft gezogen werden."

In dem citirten Art. 78 heißt es: „.... Sie (nämlich jede Kammer) regelt ihren Geschäftsgang und ihre Disciplin durch eine Geschäftsordnung . . ."

So viel ist nun zunächst klar, daß der Art. 84 ein besonderes Privileg für die Mitglieder des Landtags hat schaffen und ihnen nicht nur die in den Art. 27 und 28 der Verfassung jedem Preußen gewährleistete Freiheit der Meinungsäußerung hat geben wollen. Dies wird auch in den letzten Beschlüssen des Königlichen Obertribunals vom Jahre 1866 und vom Jahre 1867 [28] anerkannt und ist wohl von keiner Seite bezweifelt worden. Nur darum dreht sich der Streit, ob unter „ausgesprochener Meinung" überhaupt Aeußerungen eines Abgeordneten oder nur Aeußerungen gewisser Art zu verstehen seien. In einem früheren Falle [29] hat das Königl. Obertribunal ausgesprochen, daß der Art. 84 zwar nicht alle Aeußerungen eines Abgeordneten in der Kammer der strafgerichtlichen Verfolgung entziehe, daß aber der Ausdruck „Meinungen" alle Aeußerungen eines Abgeordneten umfasse, welche von demselben in dieser seiner Eigenschaft bei Ausübung seiner Functionen in den Kammern gemacht werden. Mit diesem Beschlusse wurde wohl den Worten des Art. 84 die weiteste Ausdehnung gegeben und angenommen, daß „Aeußerungen" und „ausgesprochene Meinungen" gleichbedeutend seien; denn Aeußerungen, die ein Abgeordneter zufällig in der Kammer ohne alle Beziehung auf seinen Beruf macht, z. B. wenn er völlig außerhalb der Geschäftsordnung reine Privatstreitigkeiten mit einem Anderen ausmachen wollte, können selbstverständlich nicht als straffrei bezeichnet werden.

---

[28] Vgl. Goltdammer, Archiv f. Preuß. Strafrecht 1866, S. 210 ff. und 1867, S. 622 ff. (Septemberheft.)

[29] Goltdammer, Archiv, 1854, S. 82. (Der Beschluß ist vom 12. December 1853.)

Die neuere Ansicht des obersten preußischen Gerichtshofs sieht dagegen den Ausdruck „ausgesprochene Meinungen" als nicht identisch mit dem Worte „Aeußerungen" an. Der höchste Gerichtshof beruft sich dabei auf die Entstehungsge-schichte des Gesetzes und insbesondere darauf, daß die preußi-sche Regierung, von welcher die octroyirte gegenwärtig nur in revidirter Gestalt geltende Verfassung ausging, deren Absicht also wesentlich für die Interpretation der Verfassung maßgebend sei, mit besonderem Bedachte den gleichfalls in Frage gestellten Ausdruck „Aeußerungen" vermieden und dafür den Ausdruck „Meinungen" gewählt habe. Daß dies in der That der Fall sei, läßt sich nach den sorgfältigen Ausfüh-rungen des höchsten preußischen Gerichtshofs nicht bezweifeln. Aber auch die Gegner der Interpretation, welche von dem Königlichen Obertribunale angenommen wird, haben für ihre Ansicht, wonach „Meinungen" und „Aeußerungen" als iden-tisch vom Gesetzgeber gebrauchte Ausdrücke zu betrachten sei, nicht unerhebliche Gründe vorgebracht, und es wird sich, wenn auf solche Vorverhandlungen zurückgegangen werden soll, vielleicht ebenso wenig die Richtigkeit wie die Unrichtig-keit der Ansicht des Königlichen Obertribunals in der Art darthun lassen, daß ein Zweifel gar nicht übrig bliebe. Den Ausführungen, welche in dieser Hinsicht von der einen und der anderen Seite gegeben sind, würden wir Nichts hin-zuzufügen wissen. Die Zulässigkeit der Interpretation eines Gesetzes nach den Vorverhandlungen, Erklärungen der Re-gierung, der Kammern, der Commissare oder einzelner Mit-glieder der letzteren ist, wie bekannt, eine äußerst bestrittene Materie [30] und soviel scheint uns gewiß, daß in der Regel Schriftsteller und Richter in der Verwendung dieses Inter-pretationsmaterials viel zu weit gehen, ein Satz, der wohl

---

[30] Vgl. darüber und über die verschiedenen Ansichten v. Mohl, Staatsrecht, Völkerrecht und Politik, Bd. I. S. 96—143. Einige leug-nen die Zulässigkeit dieses Interpretationsmittels überhaupt. So weit gehen wir nicht.

dadurch schon gerechtfertigt wird, daß jene Verhandlungen
gar nicht mitpublicirt werden und also vom Publicum gar
nicht in dem Maße wie das Gesetz gekannt zu werden brauchen.
Inwieweit von letzterer Regel in civilrechtlichen Verhältnissen,
insbesondere in vermögensrechtlichen eine Ausnahme zulässig
und geboten sei, braucht hier nicht weiter untersucht zu wer=
den. Soviel das Strafrecht betrifft, ist für uns der alte,
nicht als eine bloße Regel weichlicher Billigkeit zu betrachtende,
sondern unseres Erachtens dem innersten Wesen des Straf=
rechts entsprechende Satz entscheidend: „In dubio pro reo,“
demzufolge eine jede Bestrafung, die sich nicht aus dem ge=
wöhnlichen Wortsinne des Gesetzes ergiebt, niemals auf Grund
einer Interpretation nach solchen Vorverhandlungen verhängt
werden sollte. Dies gilt unserer Ansicht nach auch für den
Fall, wenn ausnahmsweise der Gesetzgeber sich veranlaßt
findet, gewisse Dinge oder gewissen Personen gewisse Dinge zu
erlauben, die sonst verboten sind, wogegen natürlich aus der
allgemein jedem verständigen Manne bekannten und begreif=
lichen Natur der Sache auch hier eine restrictive Interpreta=
tion zulässig erscheinen muß. Man kann nicht mit Unrecht
sagen, wenn man eine Beschränkung in Gemäßheit jener Vor=
verhandlungen wirklich wollte, so hätte man sie ausdrücken
können, so daß ein Zweifel gar nicht denkbar war: suit in
potestate legem apertius conscribere [31]. Wenn man eine
Straffreiheit der Mitglieder des Landtags mit Ausnahme
des Falles einer Verleumdung wollte, so konnte man dies
einfach aussprechen, wie z. B. auch in der würtembergischen
Verfassungsurkunde dies in Bezug auf Beleidigungen und
Verleumbungen von 1819 §. 185 geschehen ist. Wenn wir
daher der Ansicht sind, daß im gewöhnlichen Sprachgebrauche
„meinen“ und „äußern“ sehr oft als gleichbedeutende Aus=

---

[31] L. 39 D. de pactis (2, 14). Dies ist freilich hier nur in Beziehung
auf privatrechtliche Verhältnisse gesagt. Der innere Grund paßt aber
auch auf Gesetze und wohl in erhöhtem Maße auf allein von der königs
lichen Gewalt erlassene, octroyirte Gesetze.

brücke verwendet werden [32], so würden wir nur für diejenige
Interpretation des Art. 84 der preußischen Verfassungsurkunde uns entscheiden können, welche den Mitgliedern des
Landtags Freiheit von gerichtlicher Verantwortlichkeit in
Bezug auf alle in ihrem Berufe gemachten Aeußerungen gewährt. Die Thatsache, daß die Regierung mit Bedacht den
Ausdruck „Meinungen" und nicht den Ausdruck „Aeußerungen" wählte, kann auch so erklärt werden, daß nicht
Aeußerungen, die mit dem Berufe eines Landtagsmitgliedes
offenbar durchaus Nichts zu schaffen haben, aber unter
dem Deckmantel der Redefreiheit vorgebracht werden möchten,
frei gegeben werden sollten: Solche Aeußerungen lassen sich
nicht als „Meinungen eines Landtagsmitgliedes" bezeichnen,
und auch der Art. 30 der Verfassung des norddeutschen
Bundes redet daher nur von Aeußerungen, die in Ausübung
des Berufs von einem Mitgliede des Reichstages gemacht
worden. Mit dieser Ansicht würde es im Einklange stehen,
daß im Art. 84 nicht einfach von Meinungen, sondern von
„ausgesprochenen Meinungen" die Rede ist. Danach würde
straflos sein Alles, was irgend als Meinung eines Landtagsmitgliedes ausgesprochen werden kann, d. h. alle Aeußerungen, die zu dem Berufe des Landtagsmitgliedes irgend
in Beziehung gesetzt werden können, nicht aber solche, die
offenbar nur bei Gelegenheit und nicht innerhalb des Berufs eines Landtagsmitglieds, wenngleich in der Kammer,
gethan werden. Der Ausdruck „ausgesprochene Meinungen" würde sonst pleonastisch sein; denn daß für nicht
ausgesprochene Meinungen Niemand vor Gericht gezogen werden kann, versteht sich von selbst.

Allein, wie gesagt, darüber läßt sich streiten [33], und wir

---

[32] Z. B. man sagt, Jemand meinte Etwas, d. h. er sagte, äußerte
Etwas.

[33] Daher kann z. B. auch unserer Ansicht nach nicht behauptet werden,
das Königliche Obertribunal habe seine Competenz überschritten. Die
Competenz der Gerichte ist freilich keine absolute, die gar keine Schranken

sind sicher nicht der Ansicht, durch diese Ausführung alle Diejenigen überzeugt zu haben, welche die entgegengesetzte Interpretation des Art. 84 bisher für richtig erklärt haben, und
wir würden auch hier nicht noch die Entscheidungsgründe des
obersten preußischen Gerichtshofs einer Prüfung unterziehen,
und uns insoweit bei der Autorität desselben gern beruhigen,
wenn nicht andere, wie uns scheint, gewichtige Bedenken sowohl gegen die Entscheidungsgründe der letzten Beschlüsse des
Königlichen Obertribunals, als gegen die Consequenzen sich
erheben ließen, welche für ein gedeihliches Verfassungsleben
gerade aus der Art und Weise entstehen mögen, in welcher
der Art. 84 der preußischen Verfassung in Verbindung gesetzt
ist mit dem preußischen Strafgesetzbuche.

Wenn nämlich, wie bemerkt, auch die Ausdrücke „meinen" und „äußern" oft, ja meistens gleichbedeutend gebraucht
werden, so ist doch nicht zu leugnen, daß eine genaue Beob-
achtung eine Differenz erkennen läßt; nur ist diese Differenz
unserer Ansicht nach nicht diejenige, welche der preußische
oberste Gerichtshof annehmen zu müssen glaubt. Man kann,
genau betrachtet, Etwas äußern, was man nicht meint: auch
eine Lüge ist eine Aeußerung, aber niemals Jemandes Meinung. Wenn also die Landtagsmitglieder nur nicht wegen
ihrer Meinungen zur gerichtlichen Verantwortung gezogen
werden sollen, so heißt Das unserer Auffassung nach, sobald
man unterscheiden will zwischen „meinen" und „äußern":
sie sind frei von gerichtlicher Verantwortung, falls
Das, was sie sagen, von ihnen in gutem Glauben geäußert wird; sie sind verantwortlich, wenn ihnen nachgewiesen
wird, daß sie absichtlich die Wahrheit entstellten.

Diese Interpretation gewährt freilich ein größeres Maß
der Redefreiheit, als Dasjenige, was oben nach ·allgemeinen
Grundsätzen für den Beruf der Landtagsmitglieder für noth-

hätte, als diejenigen, die die Gerichte selbst dafür anerkennen. Aber sobald
irgend ein Zweifel an dem Sinne eines Gesetzes möglich ist, kann von
einer Ueberschreitung der Competenz der Gerichte nicht gesprochen werden.

wenbig, und deßhalb auch nur für wünschenswerth erklärt werden mußte. Sie gewährt den Landtagsmitgliedern Straffreiheit für alle Aeußerungen, deren Unwahrheit sich nicht nachweisen läßt, also für etwa vorkommende allgemeine Ausdrücke, für Aeußerungen über künftig zu ergreifende Maßregeln, die, z. B. wenn sie von anderen Personen geschähen, als Widersetzlichkeit gegen die Obrigkeit u. s. w. aufgefaßt werden können. Insbesondere aber würden danach — und dies erscheint uns allerdings nicht gerade wünschenswerth — Beleidigungen einzelner Personen, soweit sie in jenen allgemeinen Ausdrücken sich halten, straflos sein und selbst der beleidigende Vorwurf ehrenrühriger unwahrer Thatsachen dann, wenn der Aeußernde einer groben Fahrlässigkeit bei Erkundung der letzteren überführt werden könnte. Dagegen würde immer noch nicht privilegirt sein Das, was der gemeine Sprachgebrauch und selbst eine große Anzahl der namhaftesten Juristen gemeinrechtlich unter einer Verleumbung versteht, nämlich die wissentliche Andichtung bestimmter ehrenrühriger Thatsachen. Solche Verleumbungen können in der That als ein Gift für das gesunde Leben eines Staates angesehen werden, wie in einem Artikel der Neuen preußischen Zeitung vom 18. Januar 1868 unter Bezugnahme auf Macchiavelli's Discorsi I. c. 8 mit Recht hervorgehoben wurde; für sie kann der Beruf eines Abgeordneten nicht als Entschuldigung gelten.

Damit stimmt aber der Begriff der Verleumdung nach dem preußischen Strafgesetzbuche nicht überein. Nach diesem Begriffe und insbesondere nach der Vertheilung der Beweislast, wie solche aus dem Gesetzbuche resultirt, kann Jemand auch als Verleumder bestraft werden, der einfach nur nacherzählt hat, was alle Welt glaubt und was er zu glauben gegründete Veranlassung hatte, sofern er es nur nicht ganz streng beweisen kann, wobei dann noch eine ganz singuläre, mit den Grundsätzen eines wörtlich mündlichen Verfahrens und eines gleichen Rechts der Parteien schwer zu vereinigende,

bereits oben erwähnte Beschränkung des Zeugenbeweises be=
steht. Wird also, wie in den letzten Beschlüssen des König=
lichen Obertribunals geschieht, die Differenz zwischen „Mei=
nungen" und „Aeußerungen" dahin gesetzt, daß unter ersterem
Verleumdungen im Sinne des jetzigen preußischen Straf=
gesetzes nicht mitbegriffen seien, so erklärt es sich, wie auch
vom conservativen Standpunkte diese Interpretation als eine
Gefährdung nicht nur des Rechtes der modernen gesetzgeben=
den Versammlungen, sondern auch des althergebrachten Rechtes
deutscher Stände angesehen werden muß. Denn von jeher ist es
das Recht und die Pflicht der Stände gewesen, auf Mißbräuche
in der Regierung den Landesherrn aufmerksam zu machen.
Sollen sie Das nur unter der fortwährenden Gefahr thun,
selbst für bona und optima fide gethane Aeußerungen als
Verleumder bestraft zu werden, dann scheint uns in der
That der Nerv ihrer Lebensthätigkeit getroffen zu sein.

Die, wie wir glauben und sogleich nachweisen wollen,
unrichtige, dieses Resultat mit sich führende Interpretation
des Art. 84 berechtigt aber nicht, das oberste preußische Ge=
richt oder die Mitglieder desselben, welche für diese Interpre=
tation gestimmt haben, in irgend einer Weise der Parteilich=
keit anzuklagen. Diese Tendenz weisen wir ausdrücklich zu=
rück. Auch die oben mitgetheilte Entscheidung des englischen
Richters, welcher Mr. Hansard deshalb verurtheilte, weil er
auf amtliche Anordnung des Hauses der Gemeinen einen Be=
richt gedruckt hatte, in welchem eine Beleidigung eines
Mr. Stockdale vorkam, wird wohl als eine den Verhältnissen
nicht angemessene bezeichnet werden können. Dennoch konnte
von einem Vorwurfe der Parteilichkeit gegen Lord Denman
nicht die Rede sein.

Der Hauptfehler, den wir in der Entscheidung des König=
lichen Obertribunals glauben nachweisen zu können, ist aber
der, daß ein specieller, nicht in einem Gesetze, sondern höch=
stens in einigen Entscheidungen des Königlichen Obertribunals
angenommener Sprachgebrauch zur Interpretation der Ver=

3*

faffung angewendet wird und zwar ein Sprachgebrauch, der sich lediglich an das erst 1851 publicirte Strafgesetzbuch anschließt, während die octroyirte Verfassung, von welcher Art. 84 unverändert in die revidirte Verfassung vom 31. Januar 1850 übergegangen ist, vom Jahre 1848 datirt.

„Meinung" ist nach der Ansicht des Königlichen Obertribunals lediglich ein allgemeines, specielle Thatsachen nicht begreifendes Urtheil, wie es im preußischen Strafgesetzbuche als das charakteristische Merkmal der Beleidigung im Gegensatze zur Verleumdung aufgefaßt ist[34]. In dem Strafgesetzbuche selbst kommt aber in diesem Zusammenhange der Ausdruck „Meinung" nicht vor. §. 152 des Strafgesetzbuchs, der von der Beleidigung handelt, giebt eine Definition dieses Vergehens gar nicht, sondern sagt, indem er diese Definition der Wissenschaft und Praxis überläßt, einfach:

„Wer einen Andern öffentlich oder schriftlich beleidigt, wird mit Geldbuße .... bestraft"[35].

Ebenso wenig findet sich dieser Ausdruck in dem zur Zeit der Publication der Verfassungen von 1848 und 1850 als Strafgesetzbuch für die östlichen Provinzen gültigen Theil II. Tit. 20 §§. 538 ff., welche von Beleidigungen der Ehre mit Einschluß der Verleumdungen handeln, und er findet sich endlich nicht in dem Code pénal art. 367 ff. Aus Art. 27 und 28 der Verfassung aber ließe sich, wie auch von dem Appellationsgerichte zu Insterburg vom 6. November 1866[36] durchaus richtig bemerkt ist, eher das Gegentheil dieses Sprachgebrauchs nachweisen. Denn wenn es im Art. 27 heißt:

„Jeder Preuße hat das Recht, durch Wort, Schrift, Druck

---

[34] Vgl. über diesen Sprachgebrauch Oppenhoff, Strafgesetzb. für die Preuß. Staaten, 4. Aufl. 1864 zu §. 156. Anm. 3.

[35] Auch §. 343, der von der einfachen (nichtschriftlichen und nichtöffentlichen) Beleidigung als einer Uebertretung handelt, giebt eine Definition nicht.

[36] Vgl. Goltdammer, Archiv, 1867. S. 621.

und bildliche Darstellung seine Meinung frei zu äußern. Die Censur darf nicht eingeführt werden …"
und im Art. 28:

„Vergehen, welche durch Wort, Schrift, Druck oder bild= liche Darstellung begangen werden, sind nach den allgemei= nen Strafgesetzen zu bestrafen,"
so ist damit jederlei Art von Aeußerungen verstanden, da doch wohl nicht angenommen werden kann, daß in Betreff der Behauptung von Thatsachen andere als die strafgesetzlichen Beschränkungen der Freiheit sich zu äußern bestehen sollten.

Als allgemeiner Sprachgebrauch ist aber, wie oben bemerkt, der Sprachgebrauch, wonach unter „Meinungen" nur allgemeine Sentenzen zu verstehen sein sollen, nicht zu rechtfertigen. Erstens nach der Geschichte des Wortes „Meinung" nicht, und zweitens nicht nach allgemeinen Ge= setzen der Logik und Psychologie.

Nach der Geschichte der Sprache deßhalb nicht, weil, wie Graff's althochdeutscher Sprachschatz [37] und Müller's und Zarncke's mittelhochdeutsches Wörterbuch [38] ausweisen, das Wort „meinunge" (althochdeutsch meinunga) mittelhoch= deutsch jedenfalls auch die Bedeutung von „Absicht" hat [39]. Der Absicht ist aber die Beziehung auf Thatsachen gar nicht abzusprechen; wer Etwas beabsichtigt, will seinen Willen in Thatsachen verwirklichen. Ja das Wort „meinen", dessen Stamm mit dem des Wortes „gemein" oder „allgemein" [40] übrigens nicht das Mindeste zu schaffen hat, wird ausdrück= lich für bezeichnen, oder im Sinne haben, oder bedenken, das Auge auf Etwas richten, gebraucht, d. h. also für eine Spe=

---

[37] II. S. 793, 785.

[38] II. S. 110 und 107.

[39] Etwas wird unternommen „guoter meinung", d. h. in guter Absicht.

[40] Müller und Zarncke a. a. O. S. 97. Gemein = gam—iins = zusammen und eins, entsprechend dem Lateinischen communis = com—unus.

cialifirung. So wird „meinen" und „minnen" auch zu-
fammengeftellt, wenn gefagt wird, daß man Jemanden liebe.
Dies zeigt aber auch zugleich, daß, wenn „Meinung" und
„Aeußerung" heutzutage unterfchieden werden foll, dies
nur fo möglich, daß Meinung diejenige Aeußerung ift, wo
das Innere des Redenden übereinftimmend gerichtet ift auf
Dasjenige, was feine Worte fagen, d. h. wo er fpricht, wie
er es für wahr hält, fich „bona fide" äußert.

Nach allgemeinen Denkgefetzen aber ift die Annahme,
daß, wie das Obertribunal, die Meinung immer nur ein
„Urtheil" und nicht „Thatfachen"[41] ausbrücke, beßhalb nicht
haltbar, weil, wie auch fchon von anderer Seite bemerkt ift,
ein abfolut durchzuführender Unterfchied von Urtheil und
Thatfache gar nicht begründet werden kann. Ob man eine
Aeußerung als ein Urtheil oder als eine Conftatirung von
Thatfachen zu bezeichnen hat, hängt vielmehr von den Um-
ftänden und insbefondere von folgenden Erwägungen ab.
Auch die Bezeugung der einfachften Thatfache fchließt ein
Urtheil in fich. Z. B. wenn Jemand behauptet, er habe zu
einer beftimmten Zeit eine Perfon an einem beftimmten Orte
gefehen, fo ruht das Zeugniß doch mit auf einem Urtheile,
nämlich auf dem Urtheile, daß die Sinneseindrücke, welche
der Erzählende von der gemachten Wahrnehmung empfing,
identifch feien mit denjenigen, welche er erhalten haben würde,
wenn diefelben in Wahrheit von einem Menfchen und zwar
gerade von dem fraglichen Individuum herrührten. Umgekehrt kann aber jedes Urtheil, das fich nicht nur auf zu-
künftige Dinge bezieht, auch als Conftatirung einer Thatfache
betrachtet werden. Wenn man das Vertrauen hat, daß ein
Zeuge fich über die Identität einer von ihm wahrgenom-
menen Perfon nicht irre und nicht irren konnte, fo fagt man,
er bezeuge eine Thatfache, und wenn es zweifelhaft wird, ob

---

[41] Man kann eine Meinung haben über Thatfachen der allereinfach-
ften Art, z. B. man meint, es fei Jemand zu einer beftimmten Zeit an
einem beftimmten Orte anwefend gewefen.

er seine sinnlichen Wahrnehmungen, d. h. genau genommen die Reize, welche seine Nerven erlitten, richtig deutete, so spricht man von einem Urtheile. Wenn ferner Jemand die Meinung äußert, ein Anderer habe einen Schurkenstreich begangen, so ist das insofern eine allgemeine, auf bestimmte Thatsachen nicht zurückzuführende Meinung, als man nicht weiß, welchen Begriff der Redende mit dem Ausdrucke „Schurkenstreich" verbindet; der Eine kann darunter eine Handlung verstehen, welche ein entehrendes Vergehen oder Verbrechen enthält, der Andere kann unter einem Schurkenstreiche eine Handlung begreifen, die höchstens eine Immoraliät und nicht einmal diese in sich schließt. Man kann sich aber unter Umständen bei solchen allgemeinen Urtheilen als „constatirten Thatsachen" beruhigen, wenn man vertrauen kann, daß der solche Meinung Aeußernde über Das, worauf es ankommt, sich nicht irren konnte. Wenn bei der Frage, ob Jemand eine Anstellung erhalten solle, eine Unterbehörde berichtet, der Betreffende sei eine zuverlässige oder eine unzuverlässige Person, so wird die Oberbehörde dies als eine Thatsache oder als ein Urtyeil behandeln, je nachdem sie der berichtenden Behörde Urtheil, factische Kenntniß und Unparteilichkeit zutraut. Auch ist es sehr wohl möglich, aus einem s. g. allgemeinen Urtheile auf sehr bestimmte Thatsachen zurückzuschließen, auf denen jenes beruht, falls man die Persönlichkeit des Redenden kennt und den Zweck und die Umstände seiner Aeußerung in Betracht zieht; denn jedes Urtheil ist nur der Reflex bestimmter Eindrücke oder Thatsachen in dem Individuum [42]. Man kann also „Urtheil" und „Behauptung oder

---

[42] Auch der Beschluß des Königl. Obertribunals vom 29. Jan. 1866 hat die Richtigkeit dieser Erwägungen, genau betrachtet, anerkannt, aber, wie wir glauben, in unklarer Weise, und daran hängt sich deßhalb sofort ein unrichtiger Schluß. Die Entscheidungsgründe (vgl. Goltdammer. Archiv, 1866, S. 211) sagen: „Selbstredend können Meinungen auch auf thatsächlichen Voraussetzungen beruhen, sowie sie in der Regel zugleich eine nähere Begründung des diesfällig gewonnenen Endergebnisses umfassen

Conſtatirung einer Thatſache" unterſcheiden; aber dieſe Un-
terſcheidung hat ſehr fließende ober relative Grenzen, und
ſie entſpricht nicht dem Unterſchiede von „Meinung" und
„Aeußerung". Damit iſt nun aber nicht geleugnet, daß nicht
der Unterſchieb zwiſchen Aeußerungen allgemeinerer und ſpe-
ciellerer Art im Strafrechte eine ſehr gute Bedeutung haben
könne und wie im gemeinen Rechte, ſo auch im preußiſchen
Strafgeſetzbuche wirklich habe. Es giebt Ehrenkränkungen,
bie, weil bie babei gebrauchten Ausdrücke ſehr allgemeiner und
unbeſtimmter Art ſind, lediglich als Ausdrücke ſubjectiver
Verachtung gelten können. Dahin gehören z. B. bie gewöhnlichen allgemeinen Schimpfreden. Dieſe Aeußerungen ſind
im Allgemeinen wenig gefährlich. Wer ſie hört, kann etwas
Beſtimmtes ſich gar nicht babei benken, und ſo läßt denn
z. B. auch das engliſche Recht eine Verfolgung derſelben regelmäßig gar nicht zu, wenn ſie nur mündlich geſchehen ſind
und nicht als ein öffentlich verbreitetes Libell erſcheinen[43].
Andere ehrenkränkende Aeußerungen erwecken dagegen bei
Demjenigen, ber ſie hört oder lieſt, beſtimmtere Vorſtellungen
über Das, was einem Dritten Schuld gegeben ober von ihm
behauptet wird. Darauf, und folgeweiſe auch auf ber Mittheilung an Dritte (oder Aeußerung in Gegenwart dritter
Perſonen[44]) beruht ber Unterſchied zwiſchen einfacher Belei-

werben; allein ſelbſt bann tragen ſie ihrem inneren Weſen nach bie
Eigenſchaft von Thatſachen nicht an ſich." Meinungen, ſobalb ſie bies
im ſtrengen Sinne ſind, b. h. ſobalb ber Aeußernde ſeine Aeußerung nur
für wahr hält, können nicht nur auf Thatſachen beruhen, ſondern ſie
thun bies genau betrachtet immer. Sie ſind alſo ihrem inneren Weſen
nach immer auch auf Thatſachen zurückzuführen, und es beſteht nur ber
Unterſchied: baß gewiſſe Meinungsäußerungen in Anderen regelmäßig
beſtimmtere, andere Meinungsäußerungen in Anderen bagegen nur un-
beſtimmtere Vorſtellungen über dieſe den Grund ber Aeußerungen bil-
benbe Thatſachen hervorrufen.
[43] Im letzteren Falle werden ſie als Gefährdungen bes öffentlichen
Friebens angeſehen.
[44] Denn bei Aeußerungen, bie nur ber Beleibigte ſelbſt erfahren

bigung oder Ehrenkränkung nach preußischem Rechte und nach gemeinem Rechte wenigstens theilweise [45].

Will man nun die einfachen Beleidigungen als geäußerte „Meinungen", die Verleumdungen als „Behauptung von Thatsachen" bezeichnen, so ist dagegen an sich Nichts zu erinnern; nur darf man ihn nicht zur Interpretation der preußischen Verfassung oder anderer Gesetze, sondern nur zur Interpretation der Urtheile des Königlichen Obertribunals, oder auch anderer Gerichtshöfe verwenden, die ihn etwa adoptirt haben.

Wir müssen also dabei bleiben [46], daß nach dem gegenwärtig in Preußen geltenden Rechte jedenfalls nur mala fide von einem Abgeordneten in Ausübung seines Berufs begangene Verleumdungen strafbar seien, und dies Resultat scheint uns auch praktisch weit empfehlenswerther, als dasjenige, was aus den letzten Beschlüssen des obersten preußischen Gerichtshofes sich ergiebt.

soll, kann es nicht darauf ankommen, welche Vorstellungen sie bei Dritten erwecken.

[45] Das gemeine Recht verlangt der richtigen Ansicht nach zum Begriffe der Verleumdung das Bewußtsein der Unwahrheit der behaupteten Thatsachen auf Seiten des Aeußernden, sonst liegt nach gemeinem Rechte nur einfache Beleidigung vor. Das preußische Strafgesetzbuch stellt dies Erforderniß nicht auf.

[46] Das Königl. Obertribunal hat sich (vgl. Goltdammer, Archiv, 1866, S. 212) auch auf die Interpretationsregeln des preuß. allgemein. Landr. Einleitung §§. 46, 54 und 57 berufen, wonach Privilegien und daher auch das der Redefreiheit der Abgeordneten so ausgelegt werden müssen, wie sie am wenigsten zum Nachtheile eines Dritten gereichen. Als eine eigentliche Rechtsquelle konnte hier unsers Erachtens das allgemeine Landrecht nicht aufgeführt werden, da es im Gegensatze zur Verfassung nur ein Provinzialrecht ist. Außerdem aber heißt es im §. 55 der Einleitg. des allgem. Landrechts sogleich weiter: „Im Uebrigen sind die verliehenen Privilegien und Freiheiten so zu deuten, daß die wohlthätige Absicht des Gebers dabei nicht verfehlt werde." Das Letztere ist, wie gesagt, eben die allgemeine Frage, inwieweit der Beruf des Abgeordneten oder Landtagsmitgliedes eine Ausnahme von der Regel der gerichtlichen Verantwortlichkeit begründet.

Nach diesen Beschlüssen sind allgemeine Urtheile, „Meinungen" straflos; specielle Angaben von Thatsachen aber unterliegen lediglich den allgemein geltenden Strafbestimmungen. Dadurch wird, wo irgend eine Ehrenkränkung nahe liegt, das Bestreben hervorgerufen, thunlichst in allgemeinen Wendungen sich zu ergehen. Diese aber sind, von den Mitgliedern einer öffentlich debattirenden und mit öffentlichem Ansehen bekleideten Versammlung ausgehend, besonders gefährlich. Sie lassen gleichsam wie durch einen halbdurchsichtigen Vorhang doch einen Hintergrund bestimmter Thatsachen errathen und reizen somit die Neugierde und üble Nachrede in Privatkreisen und im Publicum. Sie geben, wenn in geschickter Weise an einander gereiht, den Verhandlungen den Charakter der Ironie, der besonders als ätzendes Gift wirkt. Sie sind Das, was man in parlamentarischer Redeweise als „persönlich" bezeichnet, während specielle Vorwürfe doch eher „sachlich" erscheinen und eben daher auch wieder leichter auf Mißverständnisse zurückgeführt werden können. Mit einem Worte, sie sind weit schädlicher als offene, ehrliche, auf specielle Thatsachen gerichtete Beschuldigungen, die mit freiem Mannesmuthe vorgebracht und widerlegt werden können.

Bei Privatpersonen verhält sich Das, wie gesagt, in gewissem Umfange anders. Hier sind regelmäßig specielle ehrenkränkende Vorwürfe schädlicher. Aber Privatpersonen sind auch wegen allgemeiner ehrenkränkender Aeußerungen nicht straflos, und können deshalb nicht, ohne dem Strafgesetze zu verfallen, ein vollständiges Gewebe solcher allgemeiner ehrenkränkender Aeußerungen vorbringen, die specielle Thatsachen bestimmt vermuthen lassen. Das Wichtigste aber ist, daß Privatpersonen keinen Beruf haben, „sachlich" über Dinge zu sprechen, die sie nicht angehen, daß also hinter den von ihnen gemachten allgemeinen ehrenkränkenden Aeußerungen auch specielle Thatsachen, auf denen diese Aeußerungen beruhen könnten, nicht mit der erforderlichen Be=

stimmtheit von Dritten vermuthet werden, daher denn hier jene allgemeinen Aeußerungen weniger gefährlich erscheinen. Ein Landtagsmitglied aber kann sich wohl vor allgemeinen Schimpfreden, weniger leicht aber davor hüten, in der Hitze der Debatte bona fide eine Thatsache Jemandem vorzuwerfen, die später nicht erwiesen werden kann.

So scheint es, haben denn alle Parteien ein Interesse daran, den gegenwärtigen Rechtszustand, insbesondere aber den Rechtszustand, wie er nach den neueren Entscheidungen des Königlichen Obertribunals vorläufig wenigstens sich herausstellt, durch zweckentsprechendere gesetzliche Bestimmungen zu beseitigen.

Mögen sie dazu sich gegenseitig die Hände reichen, und mögen insbesondere die Wortführer der liberalen Parteien bedenken, daß eine Versammlung, welche ihre Mitglieder von aller Verantwortlichkeit für ihre Aeußerungen befreien will, damit nothwendig auch das Gewicht der Worte mindert, für welche jede ernste Verantwortlichkeit abgelehnt wird.

Den zum Schlusse beigefügten Gesetzentwurf dürfen wir mit folgender Bemerkung begleiten.

Vielleicht wird unser Vorschlag Manchem zu complicirt erscheinen. Aber es kommt nicht auf das erste Aussehen eines Gesetzes, sondern auf dessen Handhabung an.

Oft ist Das, was zuerst complicirt aussieht, in der Anwendung einfach, und umgekehrt. Da, wo es um Ausgleichung entgegenstehender wichtiger Interessen sich handelt, ist oft eine complicirtere Bestimmung erforderlich. Daß Einzelnheiten in dem rasch entworfenen Vorschlage der Besserung sehr bedürftig sein mögen, erkennen wir gern an.

Es versteht sich endlich nach den obigen Ausführungen wohl von selbst, daß wir nicht so, wie das Königl. Obertribunal, Richter (oder Beamte), die Mitglieder des Landtags sind, für ihre in Ausübung ihres Berufs bona fide gethanen Aeußerungen vor einem Disciplinargerichtshofe (oder einer Oberbehörde) verantwortlich erklären können, schon nach dem bestehenden

Rechte nicht. Denn im Landtage treten die etwa darin sitzenden Beamten den Vorgesetzten nicht als solche, sondern kraft eines anderen rechtlich anerkannten Berufs gegenüber, der ihre Unabhängigkeit von der Regierung fordert. Wenn Beamte auch für außerdienstliche Handlungen sonst disciplinarisch verantwortlich sind, so beruht das darauf, daß sie dann eben nicht in einem anderen rechtlich anerkannten amtlichen Berufe thätig sind, und das außerdienstliche Verhalten zwar zu einem dienstlichen Verhalten, nicht aber das amtliche Verhalten zu einem anderen selbständigen Berufe, als in demjenigen, in welchem es vorgenommen ist, in Beziehung gesetzt werden kann. Nur wo eine offenbare Ueberschreitung des Berufs vorliegt, also eine mala fides, ist eine disciplinarische Bestrafung dafür möglich. Daß aber die Competenz von Disciplinargerichtshöfen hier noch weniger als die gewöhnlichen Strafgerichte zu empfehlen ist, bedarf wohl keiner besonderen Ausführung. Auch in der norddeutschen Bundesverfassung ist ausdrücklich ein disciplinarisches Einschreiten ausgeschlossen.

Gesetzentwurf,

betr. die Aenderung des Art. 84 der Preußischen Verfassung.

Art. 84 der Verfassungs-Urkunde vom 31. Januar 1850 wird aufgehoben. An Stelle des Art. 84 tritt folgende Bestimmung:

„Kein Mitglied des Landtags darf zu irgend einer Zeit wegen seiner Abstimmung oder wegen der in Ausübung seines Berufes gethanen Aeußerungen gerichtlich oder disciplinarisch verfolgt, oder sonst außerhalb der Versammlung zur Verantwortung gezogen [oder in Zukunft noch bestraft] werden[47], vorbehältlich jedoch der besonderen Bestimmungen über die Ehrengerichte der beiden Häuser des Landtags."

Gesetz,

betreffend die Bildung von Ehrengerichten für beide Häuser des Landtags.

§. 1.

Wenn ein Mitglied des Landtags in der Ausübung seines Berufes Jemandem eine Beleidigung zufügt oder eine Aeußerung über ihn thut, welche als Verleumdung aufgefaßt werden kann, so hat der Verletzte das Recht, beim Präsidenten desjenigen Hauses, dem das betreffende Mitglied angehört, die Bildung eines Ehrengerichts durch schriftlichen, eigenhändig zu unterzeichnenden, und wenn der Antragsteller kein Mit-

---

[47] Vgl. Reichsverfassung Art. 30. - Der eingeklammerte Zusatz soll die Fortführung der gegenwärtig eingeleiteten Untersuchungen ausdrücklich ausschließen, was jedenfalls, wenn eine derartige Verfassungsänderung vorgenommen werden sollte, angemessen sein würde.

glieb des Landtags ist, öffentlich zu beglaubigenden Antrag
zu verlangen,

falls die Aeußerungen des Mitgliedes des Landtags in
keiner Weise durch die vorliegenden oder von dem Landtagsmitgliede in gutem Glauben und ohne grobe Fahrlässigkeit angenommenen Umstände nach der Ansicht des
Ehrengerichts gerechtfertigt war.

§. 2.

Dieser Antrag ist ausgeschlossen nach Ablauf von
fünf Tagen, wenn der Beleidigte in der Hauptstadt anwe-
send war;

von dreißig Tagen, wenn er sich im Gebiete des norddeutschen Bundes oder in Bayern, Würtemberg, Baden
aufhielt;

in allen anderen Fällen, durch den Ablauf von sechzig
Tagen;

sämmtliche Fristen vom Tage der zugefügten Beleidigung gerechnet.

Die Gründe, wodurch außerdem nach dem geltenden
Strafrechte die Verfolgung von Beleidigungen und Verleum-
bungen ausgeschlossen ist, bleiben auch für die hier fraglichen
Fälle in Kraft.

§. 3.

Der Antrag muß die Aeußerung des Landtagsmitgliedes,
wegen deren eine ehrengerichtliche Untersuchung stattfinden
soll, genau bezeichnen und hat dabei anzugeben, ob der Antragsteller sich mit einer schriftlichen und zu veröffentlichen-
den Ehrenerklärung, welche nach dem Ermessen des Ehrengerichts zu formuliren sei, falls sie das Landtagsmitglied
geben wolle, zufrieden erkläre.

Zugleich hat der Antragsteller zwölf Mitglieder des
Hauses, dem das Landtagsmitglied angehört, und einen
höheren, nicht dem Landtage angehörenden, in der Hauptstadt
wohnenden Richter (Mitglied des Königlichen Obertribunals,

Oberappellationsgerichts oder Kammergerichts) als solche zu benennen, denen er die Entscheidung anvertraut sehen möchte.

§. 4.

Gelingt dem Präsidenten des Hauses eine gütliche Vermittlung nicht, oder ist solche voraussichtlich zwecklos, oder zu weitläufig, so hat der Präsident, unter abschriftlicher Mittheilung des Antrags an den Beklagten, diesen aufzufordern, binnen drei Tagen, von Zustellung des Bescheides an gerechnet, ebenfalls zu dem in §. 3 bezeichneten Zwecke zwölf Mitglieder des Hauses und einen höheren, nicht dem Landtage angehörenden Richter in Vorschlag zu bringen, gleichzeitig aber drei der vom Antragsteller benannten Mitglieder ohne Angabe von Gründen zu streichen. Nach unbenutztem Ablaufe dieser Frist bestimmt der Präsident die auszuwählenden Personen statt des Beklagten.

§. 5.

Die vom Beklagten oder vom Präsidenten für diesen aufgestellte Liste wird dem Antragsteller vom Präsidenten übermittelt, damit der Antragsteller gleichfalls binnen 3 Tagen von dieser Liste drei Mitglieder streiche. Unterläßt dies der Kläger, so streicht statt seiner der Präsident.

§. 6.

Von den so gewählten 18 Mitgliedern des Hauses werden vom Präsidenten in öffentlicher Sitzung des Landtags 6 ausgelost; diese, in Verbindung mit den zwei bezeichneten richterlichen Personen, wählen zum Obmann, der die Verhandlungen leitet, einen höheren in der Hauptstadt wohnenden, nicht dem Landtage angehörenden Richter. Ergiebt die Abstimmung keine absolute Majorität, so entscheidet unter denjenigen Personen, welche die meisten oder eine gleiche Stimmenzahl für sich haben, der Präsident des Hauses.

§. 7.

Jede der solchergestalt zum Ehrengerichte gewählten Personen ist verpflichtet, die Wahl anzunehmen, vorbehältlich besonderer Ablehnungsgründe, über welche hinsichtlich der

Landtagsmitglieder das Haus, hinsichtlich der Richter die fünf ältesten Mitglieder des Collegiums, welchen der Richter angehört, entscheiden.

§. 8.

Das Ehrengericht verfährt im Allgemeinen unter sinngemäßer Anwendung der Strafproceßgesetze vom 3. Januar 1849 und 3. Mai 1852. Die Vorschrift des §. 157, Abs. 2 des Strafgesetzbuchs kommt nicht zur Anwendung.

Die Vorinstruction wird, wo nöthig, von dem vorsitzenden Richter oder auf dessen Auftrag von einem der beisitzenden Richter vorgenommen. Das Auftreten eines Staatsanwalts als solchen ist unzulässig. Die Parteien müssen, wo sie nicht persönlich zu erscheinen haben oder erscheinen oder Anträge stellen, sich eines anderen Anwalts bedienen. Das Ehrengericht hat die Rechte eines ordentlichen Gerichtshofes in Bezug auf die von ihm zu verhandelnde Sache. Das erforderliche Hülfspersonal ist ihm von der Regierung zur Disposition zu stellen.

§. 9.

Das Ehrengericht entscheidet mit einfacher Majorität, entweder

1. daß der Antrag unbegründet sei, oder

2. daß das Benehmen des Landtagsmitgliedes ein unangemessenes war, oder

3. daß das Landtagsmitglied eine vom Ehrengerichte sofort mitzupublicirende Ehrenerklärung unterschreibe und dem Präsidenten des Hauses binnen bestimmter Frist überreiche, wobei zugleich über die Veröffentlichung dieser Ehrenerklärung in angemessener Weise Bestimmung zu treffen ist; oder

4. daß das Landtagsmitglied sofort auf zwei bis fünf Jahre von der Versammlung ausgeschlossen werde.

Die letztere Entscheidung kann aber nur in dem Falle erfolgen, daß eine erwiesenermaßen wider besseres Wissen oder mit grober Fahrlässigkeit vorgenommene Verleumdung vorliegt, im letztgenannten Falle auch nur, wenn das Mitglieb bereits früher schon einmal wegen Verleumdung von einem Ehrengerichte des Landtags verurtheilt war.

Die Nichtabgabe der Ehrenerklärung binnen der bestimmten Frist hat immer, wenn nicht besondere Gründe der Behinderung angenommen werden können, von selbst und ohne daß es eines Erkenntnisses darüber bedarf, den Ausschluß von der Versammlung und die Entziehung des passiven Wahlrechts für dieselbe auf fünf Jahre, gerechnet vom Tage des publicirten Erkenntnisses, zur Folge.

Ob solche Hinderungsgründe vorliegen, entscheidet das Haus, in welches der Verurtheilte eintreten will.

§. 10.

Die Kosten des Verfahrens trägt der Verurtheilte, wenn er dem Antrage gemäß verurtheilt ist, der Kläger, wenn er vollständig abgewiesen oder aber mit einer vom Beklagten angebotenen, nach Ansicht des Ehrengerichts zu formulirenden Ehrenerklärung sich nicht zufrieden erklärt hat, falls das Gericht auf nicht mehr als diese erkannte und der Beklagte sie abgiebt. In anderen Fällen entscheidet über Tragung der Kosten das Ermessen des Gerichts.

In keinem Falle dürfen sie aus Staatsmitteln ersetzt werden, vorbehältlich des Rechtes des Gerichts, die Kosten dem Fiscus zur Last zu legen, wenn die betreffende Partei arm ist. Der Fiscus schießt die Kosten vor. Die nicht in der Hauptstadt wohnenden Mitglieder des Gerichts bekommen aufgewandte Reisekosten ersetzt und erhalten Diäten, wenn sie der Untersuchung wegen länger, als die Versammlungszeit des Landtags dauert, sich in der Hauptstadt aufhalten, Diäten jedoch nur für höchstens 14 Tage.

§. 11.

Gegen die Entscheidung des Ehrengerichts finden Rechtsmittel nicht statt.

4

§. 12.

Der Competenz des Ehrengerichts sind auch unterworfen die vor dem Hause im Auftrage der Regierung auftretenden Personen. Sie verlieren in dem §. 9. 4) und am Ende bezeichneten Falle das Recht, vor dem Hause binnen der bezeichneten Frist das Wort zu ergreifen.

§. 13.

Ist ein Landtag zu der Zeit, wo Jemand den in den §§. 1 u. 3 bezeichneten Antrag stellen will, nicht versammelt, so wird der Antrag beim Königlichen Justizministerium gegen Empfangschein deponirt und vom Königlichen Justizministerium demnächst dem Präsidenten übermittelt. Ist das Haus der Abgeordneten zur Zeit nicht constituirt, so ist das Ehrengericht aus dem demnächstigen Hause zu bilden.

§. 14.

Dagegen erlischt die Vollmacht eines einmal constituirten Ehrengerichts nicht mit dem Erlöschen der Befugnisse des Hauses der Abgeordneten.

Als constituirt gilt das Ehrengericht, wenn sämmtliche Mitglieder einschließlich des Obmannes endgültig bezeichnet sind. Im Falle des Todes oder sonstiger Behinderung eines Mitgliedes des Ehrengerichts wählen die übrigen Mitglieder ein anderes Mitglied aus dem Landtage oder aus den höheren in der Hauptstadt wohnenden Richtern an seine Stelle, jedoch nur mit einer Majorität von drei Vierteln der Stimmen; anderenfalls entscheidet das Loos unter Denen, welche die meisten Stimmen erhielten.

Zusätze.

I. Die Ansicht des Lord Chief-Justice Cockburne, welcher zufolge die Presse von aller Verantwortlichkeit frei sein soll, wenn sie über öffentliche Parlamentsverhandlungen wahrheitsgetreu berichtet, findet jetzt ihre Bestätigung in dem Schlußvortrage eines anderen englischen Oberrichters (Justice Byles)[1]. „Seine Lordschaft verweilte beim Resumé der Sache mit besonderem Nachdrucke (commented emphatically on) bei der großen Wichtigkeit der Befugniß (privilege) der Presse, wahrheitsgetreu und redlich (fairly and honestly) über die Verhandlungen der Gerichtshöfe zu berichten. Es ist, sagte der gelehrte Richter, anspielend auf den Fall „Wason v. Walter", kürzlich von einem sehr kundigen Richter die Ansicht aufgestellt, daß diese Befugniß sich erstreckt von dem untersten Gerichtshofe bis zu der höchsten gesetzgebenden Versammlung im Königreiche."

II. Die Nummer der in Berlin erscheinenden Norddeutschen allgemeinen Zeitung vom 25. Januar 1868 theilt einen von mehreren Mitgliedern des preußischen Herrenhauses (Dr. von Below, von Franckenberg-Ludwigsdorff u. Anderen) eingebrachten Gesetzentwurf, betreffend die Errichtung von Landtagsgerichten, mit.

[1] Times vom 18. Januar 1868, S. 11: Court of Common Pleas Sittings at Nisi Prius before Mr. Justice Byles and Common Juries. Christmas v. Thomason.

4*

Die Bedenken, die wir gegen diesen Entwurf glauben hegen zu müssen, ergeben sich von selbst aus den früheren Ausführungen.

Der Entwurf will den Landtagsgerichten, welche urtheilen sollen über die von Mitgliedern des Landtags durch Mißbrauch der Redefreiheit begangenen strafbaren Handlungen eine wirkliche criminelle Strafgewalt mit allen deren Attributen beilegen: sie sollen auf die gesetzliche Strafe erkennen. Ausgenommen sind nur die durch das Gesetz vom 25. April 1853 an das Kammergericht verwiesenen Staatsverbrechen, welche diesem Gerichtshofe zugesprochen worden.

Eine wirkliche Strafgerichtsbarkeit einer gesetzgebenden Versammlung als solcher einzuräumen, steht aber mit den Attributen der letzteren nicht im Einklange. Bei allen Strafen, welche von einer solchen Versammlung ausgehen, darf der disciplinarische Charakter nicht völlig verwischt werden.

Dies erkennt man auch in England an. Die Strafen, welche z. B. vom Hause der Gemeinen erkannt werden, sind, genau betrachtet, nur Zwangsmaßregeln zum Schutze der Privilegien des Hauses. „Das Haus der Gemeinen hat längst aufgehört, Gefängnißstrafen über die Dauer der Sitzungsperioden hinaus anzuordnen und ordnet auch keine Geldstrafen mehr an, legt jedoch dem Schuldigen gewöhnlich die Bezahlung der Gebühren als eine Bedingung des Aufsehens von weiterer Strafe auf"[2]. Das Haus der Lords beansprucht allerdings weitergehende Befugnisse, wahrscheinlich im Zusammenhange damit, daß dieses Haus de jure der oberste Gerichtshof Englands ist. Aber über bestimmte Geld= und Gefängnißstrafen geht man auch hier nicht hinaus, und rechtlich durchaus unbezweifelt, wenn auch factisch anerkannt und durchgesetzt, sind diese Befugnisse nicht[3].

---

[2] Homersham Cox, die Staatseinrichtungen Englands, übersetzt von Kühne. Berlin 1867, S. 196.

[3] Cox a. a. O. May S. 90. Der berühmte Richter Lord Kenyon

Daß Mitglieder einer gesetzgebenden Versammlung sich gegenseitig in eigentliche gemeine Criminalstrafen verurtheilen, muß für alle Betheiligten leicht peinlich werden. Außerdem aber muß man zu einer gesetzgebenden Versammlung, so lange sie besteht, das Vertrauen haben, daß sie offenbar gesetzwidrige Reden, z. B. solche, die offenen Aufruhr predigen, ohne weitere Mittel als den Ordnungsruf des Präsidenten und ihre laute Mißbilligung, im Zaume halten werde und könne. Sollte es anders sein, so würde es auf die eine oder andere Weise doch mit der Staatsverfassung zu Ende gehen.

Auf so seltene Fälle, wo es einem Redner gelingt, trotz des Ordnungsrufes des Präsidenten und trotz der Mißbilligung der Versammlung in seiner Rede bis zur Vollendung z. B. eines wirklichen Staatsverbrechens zu kommen, sollte man nach einer alten Regel keine besonderen Gesetze machen. Der Hauptfall, der praktisch wird, ist vielmehr immer die Beleidigung der Ehre einzelner Personen. Gerade für diesen Fall aber erscheinen die Bestimmungen des genannten Entwurfs wenig zweckentsprechend.

Das Landtagsgericht soll ein für alle Mal für eine bestimmte Legislaturperiode gebildet werden und zwar durch das Loos, so daß ein Drittel der Mitglieder aus rechtskundigen Richtern, die Mitglieder der Häuser sind, zwei Drittel aus nicht rechtskundigen Mitgliedern genommen werden. Aus jedem Hause sollen sechs Mitglieder ausgeloost werden, also 12 das Gericht bilden, und letzteres soll nach Stimmenmehrheit entscheiden (§§. 1, 7).

Dagegen ist zu erinnern 1) daß das Loos zwar Parteirücksichten bei der Auswahl vermeiden läßt, aber dafür dem Zufalle gestattet, durchaus ungeeignete[1] Personen in das Ge=

---

sagte darüber: „When exercising a legislative capacity, it (viz. the House of Lords) is not a court of record."

[1] Wer etwa zum Landtagsmitgliede oder zum Parteiführer sich eignet, ist darum noch kein unparteiischer, billig benkender Richter.

richt zu bringen, daß es außerdem nach den Gesetzen der Wahrscheinlichkeit die Anhänger einer Minorität benachtheiligt. Wenn z. B. das eine Haus in zwei Parteien zerfällt, von denen numerisch eine zur anderen sich verhält, wie 1 zu 4, so ist die Wahrscheinlichkeit immer; daß von je vier Mitgliedern drei der herrschenden Partei angehören.

2) Ein nicht ständiges Gericht, bei welchem den Parteien nicht ein ausgedehntes Recusations- und dadurch auch indirect Wahlrecht in Bezug auf die Zusammensetzung des Gerichts eingeräumt wird, verdient im Allgemeinen weit weniger Vertrauen als ein ständiges Gericht. Bei diesem bilden sich bestimmte Traditionen, und diese sind eine der besten Schutzwehren gegen Parteilichkeit: man kann doch in einem Falle nicht wohl anders entscheiden, als in einem anderen, ohne bessere Gründe für die veränderte Entscheidung anzugeben. Ein Gericht aber, welches mit jeder Landtagsperiode wechselt, würde solcher Traditionen entbehren und ein Vertrauensgericht wäre es nicht, weil weder der Kläger noch der Beklagte einen Einfluß auf die Auswahl der Mitglieder haben soll.

3) Bei einem jeden ständigen Gerichte haben die Parteien das Recht, bestimmte Ablehnungsgründe, z. B. besondere Feindschaft oder Freundschaft mit der Gegenpartei geltend zu machen, einzelne richterliche Personen zu perhorresciren. Soll dies aus der Natur der Sache folgende Recht bei dem Landtagsgerichte nicht gelten, oder soll es gelten und dann leicht das ganze Gericht perhorrescirt werden können, weil sämmtliche Mitglieder eine nicht zu leugnende Animosität gegen die eine oder die andere Partei deutlich zu erkennen gegeben haben? Die Antwort hierauf bleibt der Entwurf schuldig.

4) Die Zusammensetzung eines Gerichts aus Laien und Rechtskundigen kann sodann nur vortheilhaft wirken, wenn letztere gewissermaßen Vertrauenspersonen der ersteren sind, wie z. B. der englische Assisenpräsident es den Geschworenen

gegenüber ift. Ift das nicht der Fall, so ift ein einfach nur aus Juriften zusammengesetztes Gericht vorzuziehen [5].

5) Die Heranziehung von Mitgliedern eines anderen Hauses dürfte die nothwendige Unabhängigkeit beider Häuser von einander gefährden und leicht zu Animositäten und Recriminationen führen, ganz abgesehen davon, daß das andere Haus, dem das belangte Mitglied nicht angehört, bei der Entscheidung der Sache direct interessirt sein kann.

6) Ift es gerathen, in einer gesetzgebenden Versammlung, bei welcher die vollständigfte Gleichheit der einzelnen Mitglieder in der Natur der Sache liegt, gewisse Mitglieder mit einem, wenn auch nur für die Dauer des Landtags geltenden, ständigen Richteramte zu bekleiden und so gleichsam ein Collegium oberaufsehender Personen zu bilden? Die Anklage durch das betreffende Haus erregt ebenso wie die Heranziehung der Staatsanwaltschaft Bedenken.

Die Rechte des Hauses als solchen können, abgesehen von der rein disciplinarischen Seite, durch gemeine Verbrechen kaum verletzt werden, wenn nicht der ohnehin sehr fragliche Begriff der Beleidigung von Behörden und Corporationen als solcher [6] herangezogen werden soll. Nicht die Ordnung des Hauses im Allgemeinen, wohl aber die Privatehre verlangt einen besonderen Schutz. Der Druck, der in der Anklage einer verletzten Kammer läge, würde auch das Ansehen des Spruches gefährden, welcher nur von Landtagsmitgliedern abgegeben werden soll.

Die Hereinziehung der Staatsanwaltschaft ift in Ehren-

---

[5] Theoretisch richtiger ift sogar die Zusammensetzung des Gerichts aus mehreren Laien und nur Einem Juriften als Präsidenten. Nahe liegende besondere Gründe haben uns jedoch hier zu einem etwas abweichenden Vorschlage beftimmt.

[6] Ift im preußischen Gesetzbuche §. 102 freilich angenommen, mit besonderer Hervorhebung auch der Kammern. — Mit der obigen Bemerkung ift nicht gesagt, daß Das, was man als Beleidigung von Behörden u. s. w. als solche auffaßt, immer ftraflos sein sollte.

sachen besonders bedenklich, und diese werden doch der Natur der Sache nach den Landtagsgerichten am meisten vorgelegt werden. Außerdem aber wird jede Regierung, auch wenn ein besonderes Recht der Redefreiheit für Mitglieder einer gesetzgebenden Versammlung gar nicht besteht, bei Verfolgung der letzteren wegen in der Versammlung gethaner Aeußerungen eine gewisse Zurückhaltung beobachten. Sollte das nicht leicht aufhören könn   enn einem Oberstaatsanwalte beim Kammergerichte, w.e .r genannte Entwurf §. 4 will, die Ueberwachung der Reden der Landtagsmitglieder als besonderer Berufskreis gesetzlich zugewiesen würde? Da könnte leicht durch getreue Pflichterfüllung seitens dieses Beamten ein Conflict der Regierung und der Kammer mit den nachtheiligsten Folgen für das Land herbeigeführt werden.

Endlich dürfen wir noch hervorheben, daß auch §. 14 des genannten Entwurfs über die Tragung der Kosten den Ankläger gegenüber dem Angeklagten in einer nicht gerechtfertigten Weise privilegirt. Der Angeklagte soll immer, wenn er verurtheilt wird, der Ankläger niemals, auch wenn er abgewiesen wird, die Kosten tragen, welche vielmehr dann dem Bureaukostenfonds, d. h. dem Fiscus zur Last fallen. Wo aber Privatanklage gilt, da ist es ein alter, noch in der Carolina vorkommender Satz, daß der abgewiesene Privatkläger die Kosten zu tragen hat. Das entgegengesetzte Princip provocirt grundlose Anklagen.

III. Im §. 2 des Gesetzentwurfs (S. 46) ist nach den Worten „in allen anderen Fällen, durch den Ablauf von sechzig Tagen" einzuschalten:

mit Ausnahme des Falles, daß der regelmäßige Postenlauf zwischen der Hauptstadt und dem Aufenthaltsorte des Beleidigten oder die Zeit, welche zu solcher Reise regelmäßig erfordert wird, mehr als vierzehn Tage in Anspruch nimmt, in welchem Falle dem Beleidigten die doppelte Dauer dieses Postenlaufs beziehungsweise der letztgenannten Zeit und eine Frist von vierzig Tagen offen bleibt;

Officin der Verlagshandlung.